L'Abbé J. BESSOU

Lyre et Guitare

Heureux qui, dans ses vers, sait d'une voix légère
Passer du grave au doux, du plaisant au sévère !

Boileau.

RODEZ

E. CARRÈRE, ÉDITEUR

M DCCC XCVIII

8·Ye

4925

Lyre et Guitare

L'Abbé J. BESSOU

Lyre et Guitare

Heureux qui, dans ses vers, sait d'une voix légère
Passer du grave au doux, du plaisant au sévère !

Boileau.

RODEZ

E. CARRÈRE, ÉDITEUR

M DCCC XCVIII

ÉVÊCHÉ
DE RODEZ
ET
DE VABRES
—

Rodez, le 15 Novembre 1898.

Mon cher Curé,

Votre *Lyre* est toujours harmonieuse ; qu'elle chante en langue d'oc ou en français, elle a des accents qui vont à l'âme et qui portent vers Dieu.

Votre *Guitare* a aussi son charme. Un vieil auteur prétend que jadis, à la cour des rois d'Angleterre, il n'y avait qu'un Italien qui fut assez bon musicien pour en jouer convenablement et pour la rendre supportable. Je défie vos lecteurs de s'endormir au son de la vôtre ; on ne saurait leur souhaiter une plus agréable distraction.

Tout à vous en Notre-Seigneur.

† AUGUSTIN,
Évêque de Rodez et de Vabres.

LES CLOCHES

A Monseigneur GERMAIN,
évêque de Rodez et de Vabres.

Nous vivons en ces jours de malaise et d'attente
    Où, pris d'un doute amer, les poètes s'en vont,
Rêveurs comme Byron et tristes comme Dante,
Errer dans les grands bois au silence profond.

Et moi, l'hôte assidu de nos forêts prochaines,
J'étais assis là-bas et songeais tristement
Sous le sombre éventail des hêtres et des chênes,
Que l'homme est bien petit et pauvre infiniment,

Et qu'il est bien à plaindre en ses fièvres amères,
Ses rêves affolés, vainement poursuivis :
Soif de l'or, des plaisirs, des honneurs éphémères,
Désirs toujours brûlants, toujours inassouvis.

Et je disais : « Seigneur, Père de la Nature,
L'homme souffre et gémit sur ses tristes chemins ;
N'aurez-vous point pitié de votre créature ?
Laisserez-vous périr l'ouvrage de vos mains ?. »

*
*   *

Déjà la nuit tombait sur la forêt mystique,
Lorsque soudain, là-haut, sonore et triomphant,
L'*Angelus* s'envola du vieux clocher gothique,
Et la cloche me fit pleurer comme un enfant.

*
*   *

Oh ! quand tout bruit vient de se taire,
Dans le mystère des grands bois,

Heureux le rêveur solitaire
Qui de la cloche entend la voix !
C'est le Ciel qui parle à son âme,
C'est l'Infini qui le réclame,
C'est l'Espérance aux ailes d'or
Qui dans le vague de son rêve
Le saisit, l'emporte, l'enlève,
L'enchante, le berce et l'endort :

« — Nous sommes les cloches bénies,
Voix d'Orient et d'Occident,
Graves et saintes harmonies
Que les échos vont répétant
Du val aux monts, des monts aux plaines,
Et nous volons sur les haleines
Des vents embaumés du ciel bleu,
Et dans l'azur c'est nous qui sommes
Les voix d'en Haut qui vont aux hommes,
Les voix d'en bas qui vont à Dieu :

» — Toi dont la gloire se promène
A travers les mondes sans fin,

Tu plaças l'homme, en ton Domaine,
Presque l'égal du séraphin.
L'Ange et l'homme se révoltèrent :
Sur l'un tes foudres éclatèrent,
Sur l'autre éclate ta bonté ;
Tu perdis l'archange superbe,
Et l'homme sauvé par ton Verbe
Plus haut que l'ange est remonté.

» — Proscrit des royales demeures,
Puisque les Cieux te sont rouverts,
Pourquoi des larmes que tu pleures
Arroser tes mornes déserts ?
Ah ! si la soif qui te consume
Ne trouve que l'eau d'amertume,
O captif des rivages noirs,
Vers les sources de la lumière
Lance ton âme prisonnière
Sur l'aile des divins espoirs ! »

*
*   *

Au rustique beffroi l'hymne du soir s'achève,
Mais un bruit de mystère et de sacré métal

Se prolonge en mon âme, évoquant dans mon rêve
Tous les chants de la cloche au village natal :

Les premiers carillons — la gaîté claire et franche,
Le repas du Baptême et les refrains joyeux
De l'aïeul au berceau couvert de gaze blanche
Où dort l'être innocent qui doit rêver des Cieux ; —

La douce mélodie — au jour inoubliable
Où le pasteur ému, d'une tremblante voix,
Nous a dit : Levez-vous, enfants, voici la Table
Où Dieu se donne à vous pour la première fois ; —

Le chaste épithalame — à ces noces rustiques
Où les époux ravis, sûrs de s'aimer toujours,
Se livrent aux ébats des coutumes antiques
Et dansent au grand air des fidèles amours ;

Puis les lents tintements de prière plaintive
A cette heure qui fait si triste la maison,
Quand l'agonie approche et que le prêtre arrive
Et mêle à nos sanglots sa funèbre oraison.

*
* *

O cloches, grandes voix du Ciel et de la Terre,
Bronzes par Dieu bénis, graves et solennels,
Parlez-nous, aux confins des mondes du Mystère,
Du   temps qui va se perdre aux siècles éternels !

Beffrois qui dans la nuit, du haut des promontoires,
Lorsque l'orage gronde et soulève les flots,
Jetez sur l'Océan vos cris expiatoires
Et rendez l'espérance au cœur des matelots !

Tocsin qui répandez l'alarme et l'épouvante,
Quand l'incendie éclate au village qui dort,
Et soufflez l'héroïsme à la foule mouvante
Pour vaincre le fléau de ruine et de mort !

Voix qui du Saint-Bernard aux effrayantes cimes,
Appelez sous l'abri des toits hospitaliers
Les voyageurs errants sur le bord des abîmes,
Dans les brouillards, parmi la neige et les glaciers !

Et vous qui nous jetez — cloches des Monastères —
A travers le coteau, la vallée et les monts
Le nocturne concert des cantiques austères
Dans la vie inutile où nous nous endormons,

O voix de la prière et de la pénitence,
O supplications qui désarmez le Ciel
Prêt à lancer sur nous l'implacable sentence
Que provoque du mal le flot torrentiel,

Sauvez-nous du désert de nos tristes pensées,
Des orages du cœur, gouffre toujours béant,
Des feux impurs du vice et des neiges glacées
Du doute où la Nuit sombre appelle le Néant !

*
* *

Ah ! puisque nous passons si vite et que tout passe,
    Ainsi qu'un léger bruit
Qu'un souffle fait entendre un moment dans l'espace
    Et qu'un souffle détruit,

Je dis que c'est misère et folie et mensonge
            Et pure vanité
D'oublier dans un rêve et noyer dans un songe
            Toute une éternité,

Et qu'il faut réveiller ces foules en démence
            Et leur crier bien fort
De regarder là-bas vers l'horizon immense
            Qui commence à la mort.

Chantez, pleurez, priez, ô grandes voix des cloches,
            Sur vos libres sommets,
Votre prière ardente et vos tendres reproches
            Ne se perdent jamais ;

Le passant fatigué, le poète qui rêve,
            L'exilé plein de fiel,
Il est toujours quelqu'un que la cloche relève
            Et fait songer au Ciel.

LES MARTYRS

A mon ami l'abbé VAYLET.

Christo profusum sanguinem
Et martyrum victorias
Dignam que Cœlo lauream
Lætis sequamur vocibus.

SEIGNEUR qui m'avez dit : « Poète, prends ta lyre »,
Que votre Esprit m'enflamme et qu'un sacré délire
Mêle ma strophe ardente aux hymnes des neuf Chœurs...
— Pourquoi ces trônes d'or, ces couronnes de gloire ?
A qui destinez-vous ces palmes de victoire ?
Où sont les rois et les vainqueurs ?

*
* *

Leur drapeau fut la croix, leurs combats furent rudes.
« Les chrétiens aux lions ! » hurlaient les multitudes,
« C'est l'ordre de César et des dieux outragés... »
Et fauves, verges, glaive et flammes dévorantes
Font leur œuvre, aux clameurs des foules délirantes...
    César et les dieux sont vengés.

*
* *

Mort aux chrétiens ! frappez, bourreaux ! Tombez, victimes ! —
Ces jeux ont pour Néron des délices intimes.
Oh ! voyez quels flambeaux éclairent vos jardins !
O César, contemplez ces rouges épouvantes,
Et puis, à la lueur de ces torches vivantes,
    Revenez, prince, à vos festins !

*
* *

Des flots de sang chrétien inondaient les arènes...
Les Aigles étendaient leurs ailes souveraines

Du Tibre au Simoïs, des Alpes au Cédar :
Il n'est plus de rempart, d'ennemi qui les brave : —
Le monde, en ce temps-là, de Rome était esclave
    Et Rome esclave de César.

Mêlant leurs nobles voix aux clameurs populaires,
Chevaliers, sénateurs, matrones, consulaires
A César-Olympien font cortège en tout lieu ;
Rome entière se rue aux pieds de son idole :
Néron sur les tréteaux, Néron au Capitole,
    Néron est grand, Néron est Dieu !

* *
*

Or, Jésus travaillait à son œuvre divine. —
Le prophète a chanté l'éternelle ruine
Du colosse orgueilleux où trônait Bélial :
« Malheur à Babylone, à la reine du monde,
Car Dieu fera ronger par le Vautour immonde
    Le flanc de l'Aigle impérial. »

Et quand tout l'univers esclave d'un seul homme
Se traînait dans la honte et la fange de Rome,

Quand le tyran, — la vie et la mort dans sa main —
Aux désirs de son cœur ne trouvant plus d'obstacles,
Donnait au Peuple-Roi « le pain et les spectacles »
      Et s'enivrait de sang humain,

C'est alors que l'on vit des enfants et des vierges
Sous le glaive homicide et les sanglantes verges
Sourire et regarder au Ciel avec amour...
Et ces enfants disaient d'une voix grave et fière :
« Vos dieux s'écrouleront dans leur vile poussière
      Et Jésus-Christ aura son tour. »

* *
*

Et le Christ a conquis les puissants de la terre :
Constantin va prier sur le tombeau de Pierre,
Et la Croix, vil objet de mépris et d'horreur,
La Croix, signe de mort dans la honte suprême,
Je la vois radieuse, éclatant diadème,
      Au front de César-Empereur.

* *
*

Gloire au Christ, aux martyrs, à la Rome nouvelle !...
Et vous, soldats, partez, le monde vous appelle !...
Ils vont... seuls, désarmés, n'emportant que la Croix,
Et du Nord au Midi, du Couchant à l'Aurore,
Du Gange à la Tamise, et du Nil au Bosphore,
    Les peuples entendent leur voix.

Peuples, debout ! Voici la Croix et l'Évangile !...
Et les dieux sont brisés comme un vase d'argile,
Les oracles muets et les temples désert...
Le sang ne coule plus sous le fer des druides...
Comme un fleuve du Ciel roulant ses eaux limpides,
    La grâce inonde l'univers.

L'Athénien si fier de son Aréopage,
Le Scythe vagabond, le Lybien sauvage,
Le Perse qui brûlait de l'encens au soleil,
L'Ibère, le Sarmate et les hordes altières
Dont Rome même avait respecté les frontières,
    Tressaillent d'un même réveil.

*
* *

Quel prodige a peuplé ta morne solitude ?
D'où te viennent ces fils, — immense multitude —
O Mère qui pleurais aux sommets du Carmel ?
Marche !... on te livrera d'éternelles batailles,
Mais le sang et les pleurs fécondent tes entrailles,
    Et ton royaume est éternel !

Qui pourrait à ton sceptre opposer des limites ?
Au Tonkin, au Japon, aux rives Annamites
Sur l'aile de l'Amour la Foi prend son essor. —
Frappez, peuples ingrats, qui tuez vos apôtres !
Leur Mère vous pardonne et dit : « En voici d'autres !
    L'amour est plus fort que la mort ! »

*
* *

O toi qui ne rêvais que souffrance et martyre,
Lorsqu'aux lointains déserts la mort vient te sourire,
Pourquoi vois-je un regret dans tes yeux, ô martyr ?

Est-ce le souvenir de la patrie absente ?...
Du village où peut-être une vierge innocente
    Pleurait en te voyant partir ?...

Non. — Mais quand tu reçois la palme et la couronne,
Ton cœur soupire et dit au Dieu qui te les donne, —
Comme autrefois Jésus expirant sur la Croix :
« Mon Dieu, que n'ai-je encor tout mon sang à répandre ?
Et pourquoi, pour sauver ce peuple et te le rendre,
    Ne puis-je mourir qu'une fois ! !... »

Et vous, nobles héros, frères, saintes victimes,
Quand votre sang lavait nos pavés et nos crimes,
Que disiez-vous au Ciel pour un peuple insensé ?
— « Mon Dieu, que notre sang, gage de délivrance,
Obtienne le pardon et la paix à la France,
    Et qu'il soit le dernier versé ! »

*
* *

Quel prodige a peuplé ta morne solitude ?
D'où te viennent ces fils — immense multitude —

O Mère qui pleurais aux sommets du Carmel ?

Marche !... on te livrera d'éternelles batailles,

Mais le sang et les pleurs fécondent tes entrailles,

　　Et ton Royaume est éternel !

PITIÉ POUR LE PEUPLE !

A M. le comte Albert DE MUN.

Des hommes sont venus égarer cette foule ;
    Ils ont dit : — « Hâtons-nous, nous vivons peu de jours !
Vivre et jouir !... La vie est douce qui s'écoule
Folle... et vers le néant précipite son cours.

» A nous l'ivresse aveugle et ses âpres délices !
Servez les coupes d'or au peuple souverain !
A bas temples, autels, prêtres et sacrifices !
Et toi, pâle rêveur, Jésus Nazaréen,

» Qui nous prêchais, les yeux fixés vers les étoiles,
Vide ton noir calice à ton Gethsémani !
Il faut à notre siècle un paradis sans voiles :
Va ! notre règne arrive et ton Règne est fini. »

*
* *

— Vraiment, votre idéal nous charme et nous attire
Mieux que le Ciel lointain des mystiques rêveurs ;
Que le dogme s'en aille et que Dieu se retire !
Le peuple vous acclame et vous nomme sauveurs !

Que direz-vous pourtant à ces foules avides
Dont vous aurez ainsi déchaîné les instincts,
Le jour, où se lassant de vos promesses vides,
Elles réclameront leur place à vos festins ?

Vous nous criez : — « Tout meurt et s'achève en ce monde
Votre Ciel est sur terre et n'a qu'une saison ! » —

Et vos discours s'en vont dans la masse profonde,
Et le peuple qui veut que vous ayez raison,

Traînant comme un forçat sa misère implacable,
Révolté, se redresse et demande pourquoi
C'est toujours lui qui porte un fardeau qui l'accable,
Et ce que fait le juge et ce que vaut la loi.

Et ces cœurs ulcérés que la fièvre tourmente
    Ont fait de noirs complots,
Et l'on entend rugir cette mer écumante
    Qui soulève ses flots :

— « Je suis le travailleur, j'ai lassé mon bras rude
    Sans comprendre et sans voir
Que j'étais le seul maître — étant la Multitude,
    La Force et le Pouvoir.

» Place ! place ! à mon tour je veux jouir et vivre
    En des palais dorés.
A moi l'ivresse ardente ! il est temps que j'enivre
    Tous mes sens altérés. »

*
*   *

Bourgeois, servez le peuple, ou bien, en cette orgie,
  Sur votre linge blanc
On verra déborder de la coupe rougie
  Le vin avec le sang.

*
*   *

O vous que le génie a ceints d'une auréole,
Vous qui pouvez nous prendre aux sublimes hauteurs,
Apôtres de l'idée et rois de la parole,
Puissants comme l'Esprit, comme lui créateurs,

Oh ! puisque c'est à vous que Dieu se manifeste,
Puisqu'il vous a sacrés, qu'il a mis en vos mains
Le pinceau, le burin ou la lyre céleste,
Allez, oints du Seigneur, sur les tristes chemins

Où la foule se presse et se pousse à l'abîme,
Où l'orgueil révolté blasphème, où l'on entend
Parmi le rire amer de l'orgie et du crime,
Un cri d'Humanité qui passe en sanglotant...

Car il faut relever cette race divine
Dont l'âme n'est pas morte et garde, malgré soi,
Le glorieux tourment de sa noble origine...
Rendez-lui, rendez-lui son soleil et sa foi !

PREMIÈRE COMMUNION

A Mlle Élisabeth L...

ÉLISABETH, ma jeune amie,
   Vous m'avez demandé des vers
Et vous venez dans nos bois verts
Réveiller ma lyre endormie.

Et je chante comme à vingt ans,
Car les rayons de votre aurore
En mon hiver ont fait éclore
Toutes les fleurs de mon printemps.

Je chante à votre âme ravie
L'amour céleste de l'Époux,
Puisque demain sera pour vous
Le plus beau jour de votre vie.

*
⁎ ⁎

L'alouette vole au ciel bleu.
Le vautour aux sombres abîmes,
L'aigle plane aux sphères sublimes...
Un cœur d'enfant vole au bon Dieu.

Et ce Maître qui donne aux aigles
L'immense royaume des airs,
Aux lions les fauves déserts,
Aux perdrix les blés et les seigles,

Ce bon Dieu qui donne aux ruisseaux
La chanson qui berce les rêves,
Aux arbustes leurs jeunes sèves,
L'amour des mères aux berceaux,

Ce Jésus disant aux apôtres :
« Je veux les enfants près de moi »,
Et caressant avec émoi
Leurs cheveux blonds comme les vôtres, —

A vous, bel ange au voile blanc,
Demain se donnant tout lui-même,
Vous dira : « Ma fille, je t'aime,
Mange ma chair et bois mon sang ! »

Amour ! amour ! profond mystère
Qui du Ciel fait l'étonnement :
Jésus devient notre aliment,
Le sang d'un Dieu nous désaltère !

*
*   *

Enfant, partout où vous irez,
Charmante et bonne que vous êtes,
Le monde vous fera des fêtes,
Pareilles aux rêves dorés.

Vous avez la grâce naïve
Que les poètes vont rêvant
Et ce doux sourire d'enfant
Qui prend les cœurs et les captive.

Tel en son vol adolescent
L'hirondeau sent croître ses ailes :
Au souffle des brises nouvelles
Votre charme ira grandissant !

Mais quand vous seriez la première,
Parmi les fleurs de diamant
Qui baignent le bleu firmament
Des gerbes d'or de leur lumière,

Quand on chanterait sur vos pas
Cette louange souveraine :
« — Voici notre ange et notre reine ! » —
Tous ces triomphes d'ici-bas

Vaudraient-ils l'ivresse complète
De l'âme qui dit à Jésus :

« *Plus* ne m'est *rien, rien* ne m'est *plus !* » —
Et ce mot que le Ciel répète :

« O mon Dieu, vous m'aimez donc tant,
Moi, votre infime créature ?... »

.   .   .   .

Allez, enfant naïve et pure,
Le banquet royal vous attend !

*
*   *

A l'ombre des sacrés portiques
Salomon disait autrefois
Les chants de la fille des Rois
Au céleste Époux des Cantiques.

Oh ! que n'ai-je un hymne enflammé,
Quelque céleste épithalame
Que je puisse offrir à votre âme
Pour recevoir le Bien-Aimé !

Mais où m'égare mon délire ?
Votre cœur pur et tout aimant
Chantera mieux infiniment
Que la cithare et que la lyre.

LA FÊTE DES MORTS

A Gallus.

C'EST la fête des Morts... j'entends le glas sonner.
. . . .
Qui de nous assista jamais sans frissonner
A la scène lugubre où, dans la nuit obscure,
Hamlet, halluciné que le doute torture,
Debout sur le palais d'Elseneur, inquiet,
Vient, disparaît, revient comme s'il épiait
Une proie... et les bras étendus dans le vide,
S'agite... et la sueur coule à son front livide,
Car la nuit est épaisse et lourde autour de lui !

Symbole saisissant ! Le monde d'aujourd'hui,

D'un intense brouillard prisonnier volontaire,

Tâtonne, interrogeant l'abîme du Mystère

Insondable... et d'un pas avide et chancelant

Poursuit le spectre noir du prince de Jutland.

Notre esprit égaré dans le désert du Doute,

Entraîné, fasciné par le fantôme, écoute

— Réfractaire aux clartés du céleste flambeau ---

Le souffle de la terre en travail du tombeau,

Voix du néant qui passe en nos ébats fébriles

Comme dans les propos goguenards et tranquilles

Des fossoyeurs faisant sans crainte et sans remord

L'un vers l'autre rouler les débris de la mort ;

Et, tels que Marcellus, parmi les éclairs fauves

Avec Horatio raillant ces crânes chauves,

Nous glissons, nous aussi, discoureurs insensés,

Dans le linceul de Claude aux plis lourds et glacés.

C'en est donc fait de nous ? Mais non. Sur nos délires

Les voix de l'Au-Delà chantent comme des lyres ;

Le phare des proscrits qui ne s'éteint jamais

Nous montre autour de lui sur les libres sommets

La Clémence et l'Amour, ces deux vierges jumelles,

Qui nous tendent leurs bras ouverts comme des ailes.

Dominant le fracas des chars branlants et lourds,

Des fardiers écrasant le pavé des faubourgs,

Des marteaux trépidants qui frappent les enclumes,

Dominant les débats, les cris, les amertumes

De la lutte pour vivre et jouir, dominant

Tout le vacarme immense où l'homme éperdûment

Se démène, s'agite et réclame sans trêve

Un peu de ce bonheur tant promis à son rêve, —

L'Église ouvre en chantant ses temples radieux,

Et nous dit : « Vous avez un Père dans les Cieux !

Ce n'est pas pour l'exil que vos âmes sont faites,

Mes fils, en haut les cœurs ! et venez à mes fêtes ! » —

Heureux qui vous écoute, ô voix de l'infini,

Qui sonnez, au matin du jour par Dieu béni,

L'éveil à la lumière où les cieux se reflètent !

Aussitôt les volants des machines s'arrêtent,

Les hauts fourneaux, géants de flamme empanachés,

S'éteignent, les marteaux se taisent, les marchés

Sont déserts, les regards détachés de la terre

S'élèvent dans l'azur tout baigné de mystère,

Un bonheur de revivre éclaire le proscrit ;

La matière écrasait tout à l'heure l'Esprit

Sous le joug du travail et de la servitude,

Et l'esprit délivré retrouve l'attitude
De la suprématie auguste et reconquiert
L'Empire rayonnant d'un Maître libre et fier.

Ah ! je sais que souvent, pauvre être de souffrance,
L'homme refuse même un jour de délivrance.
Ce révolté superbe et couvert de haillons
Reste sourd aux appels des divins carillons.
En vain lorsqu'un Sauveur au monde se révèle
Tintent les *Angelus* de la Bonne Nouvelle
Nous conviant, à l'heure où le Messie est né,
Au Berceau d'Orient d'étoiles couronné ;
En vain l'*Alleluia* des Allégresses saintes,
Fait chanter les ruisseaux et fleurir les jacinthes ;
En vain le Paraclet répand des cieux ouverts
Des torrents de lumière inondant l'univers,
Irradiant les fronts et réchauffant les âmes, —
Ni l'Esprit radieux qui nous verse ses flammes,
Ni l'Enfant Rédempteur, ni le Dieu du Thabor
N'éveillent la torpeur de l'esclave qui dort.

Qui brisera tes fers, ô forçat volontaire ?

Mais voici que Novembre — ô prodige ! ô mystère !
Dans le fuligineux brouillard des jours glacés
Fait luire son aurore au champ des Trépassés,
Le glas funèbre tinte et ses notes plaintives
Vont jusqu'aux profondeurs des foules attentives ;
Soit regret, souvenir, espoir, crainte ou remords,
On se lève, on s'empresse à la Fête des Morts,
Le cœur le plus meurtri qui ploie et qui succombe
Se redresse, s'éveille à l'appel de la tombe
Et secoue, haletant, le linceul de l'oubli.
Le seul devoir que l'homme a toujours accompli
— L'homme en qui reste encore un souffle d'âme humaine —
C'est d'aller tous les ans par le chemin qui mène
A la terre où les morts que nous suivrons de près
Dorment leur long sommeil à l'ombre des cyprès.

Puissance du Tombeau ! force mystérieuse !
La grande foule, hier distraite, insoucieuse,
S'élance au cimetière à l'aube du grand jour.
Un souffle impérieux de prière et d'amour
Courbe les fronts, gonfle les cœurs et fait renaître
Dans les âmes planant sur les sommets de l'être
Le plein rayonnement de l'éternel Espoir.

On parle aux bien-aimés, on leur dit : au revoir !

Et l'on entend des voix qu'on avait entendues

Et de grands cygnes blancs aux ailes étendues

S'élèvent dans l'azur des mondes infinis.

Nécropoles, lieux saints, cimetières bénis,

Vous ne m'entendrez plus dans vos sombres allées

Exhaler de mon cœur les plaintes désolées.

Vous n'êtes pas l'Hadès de l'aveugle Destin

Dans l'horreur de la nuit qui n'a point de matin,

Mais l'Abri solitaire où le corps se repose,

En attendant que l'âme à la paupière close

De son frère endormi revienne doucement

Apporter la lumière et le ravissement

Du jour sans fin promis à l'homme comme à l'ange.

Voilà pourquoi ma joie éclate sans mélange

En ce champ de la mort qu'ont arrosé mes pleurs

Et pourquoi je reviens, les mains pleines de fleurs,

Offrir aux trépassés mes souvenirs fidèles,

Et je songe, en suivant le vol des hirondelles,

A l'exode à venir de notre Humanité

Partant pour l'Orient de l'Immortalité.

O vous en qui le doute étreint l'âme et la brise,

Allez au cimetière à cette heure où la brise

Passe comme une plainte à travers les cyprès.

La pierre où votre amour grava tant de regrets

De l'énigme cruelle a gardé le mystère ;

Elle est là-bas, toujours muette et solitaire,

Et votre cœur meurtri n'étant pas assez fort

Pour oser demander son secret à la Mort,

Du sombre désespoir l'amertume farouche

Peut-être vous a mis le blasphème à la bouche.

Allez au cimetière et tombez à genoux

Près de la grande Croix d'où le Christ mort pour nous

Vous ouvre ses deux bras étendus sur les tombes,

Et tous les souvenirs comme un vol de colombes

Vous reviendront avec la foi des premiers ans ;

Vos morts tressailleront sous leurs manteaux pesants,

Et vers vous montera du fond des sépultures

Le cri victorieux des rencontres futures

Au Royaume fleuri des Avrils éternels.

Car nous avons, Seigneur, vos serments solennels

Que, de leur sombre Nuit déchirant tous les voiles,

Vos élus surgiront clairs comme les Étoiles.

LE POËME DE
SAINT HILARIAN

*Iste sanctus pro lege Dei sui
certavit usque ad mortem.*

(Ex Officio Martyris)

A M. le chanoine ALAZARD.

« A DEUX genoux, beau Sire Roi,
Je vous implore : laissez-moi
Courir au salut de mes frères !
Les mécréants de leurs repaires
S'en vont — tigres et léopards —
En Rouergue de toutes parts
Faire guerre impie et sauvage. »

Tout beau de taille et de visage,
Aux cheveux blonds sur un front pur,
Aux yeux bleus comme un ciel d'azur,
Ainsi parlait à Charlemagne
Hilarian, fils de campagne,
De père noble cependant,
De mère noble tout autant,
Qui l'envoyèrent dès l'enfance
Aux écoles du roi de France
Où plus tard, prêtre consacré,
Le roi le vit tant à son gré
Plein de sagesse et de science
Qu'il le fit de sa conscience
Confident, juge et médecin.

— « Si du Ciel vous vient ce dessein,
Dit Charlemagne au jeune prêtre,
Allez ! et que Dieu, notre Maître,
Vous guide et vous ramène un jour ! »
Hilarian quitta la cour
Et courut aux rives natales.
Les Sarrasins, impurs vandales,
Souillant, pillant et ravageant

Temples, vases d'or et d'argent,

Trésors sacrés, châsses, reliques,

A leurs fureurs diaboliques

Donnaient carrière et libre essor.

— « Ou l'apostasie, ou la mort ! »

Disaient aux chrétiens ces barbares.

Si les défaillants furent rares,

Les martyrs ne le furent pas.

Qui soutiendra dans ces combats

La tribu sainte qui succombe ?

Candide comme une colombe,

Fort et vaillant comme un lion,

Voici l'enfant d'Espalion,

Plein de son Dieu, comme un prophète ;

Tout Lévignac en est en fête !

Le père au Ciel s'est envolé ;

Et voici ton deuil consolé,

— Si pareil deuil peut jamais l'être, —

O noble veuve, car ce prêtre,

Fils de ton cœur et de ta chair,

De l'époux si tendre et si cher

Est l'image vraie et vivante...

Mais l'heure de sombre épouvante

Pour les ministres des autels
Vient glacer de frissons mortels
La joie immense de ton âme.
Car tu sais bien, vaillante femme,
Fière chrétienne, tu sais bien
Que ton fils ne redoute rien,
Ni Sarrasins ni cimeterre :
S'il faut arroser cette terre,
Ce sol natal pétri de foi
Du sang qu'il a reçu de toi,
Il est tout prêt à le répandre.
Où le cacher, où le défendre
L'apôtre qui vient secourir
Ses frères en Christ et mourir,
S'il faut au Ciel cette victime ?...
Et toi, dans ton vouloir intime,
Malgré les émois frémissants,
Mère héroïque, tu consens...

*
* *

La nuit, dans l'église de Perse,
Brebis que la frayeur disperse,

Cher troupeau guetté par les loups,

Courez, chrétiens, rassemblez-vous

Pour vous nourrir du pain de vie,

Le bon pasteur vous y convie.

Nul danger n'arrête l'amour :

De Lévignac, avant le jour,

Hilarian par les prairies,

Les genêts, les landes fleuries,

Vers le Lot chemine à grands pas,

Le fleuve ne l'arrête pas.

Il passe à gué quand l'onde est basse,

Quand l'onde est grosse... il faut qu'il passe...

Tranquille, il étend son manteau,

S'élance... et voilà le bateau

Qui le conduit à l'autre rive.

Tout radieux l'apôtre arrive

Dans le Saint Lieu plein de chrétiens ;

Il leur dit : « Mes frères, je viens

Vous porter secours et courage...

Des mécréants l'aveugle rage

Contre vos âmes ne peut rien...

Sauver son âme est le seul bien,

Et la perdre est le mal unique...

La horde impure et satanique
N'a de pouvoir que sur nos corps :
Restons debout et soyons forts
Comme nos chênes et nos hêtres... !
Confessons la foi des ancêtres
Sous le glaive et par le trépas...
La gloire est fille des combats ;
Le triomphe suivra l'épreuve...
Les méchants vont comme ce fleuve
Qui roule ses flots à la mer...
A nous le Ciel, pour eux l'enfer....
Heureux partage que le nôtre ! »

Ainsi parlait le jeune apôtre ;
Et ses frères en l'écoutant
Songeaient tout bas : « Voilà pourtant
Celui qui pourrait à cette heure
Dans une royale demeure,
Au premier rang des grands seigneurs,
Vivre au sein de tous les honneurs.
Ce beau lévite à tête blonde
Conseillait le maître du monde
Qui l'avait en douce amitié,

Lorsque pour nous pris de pitié
Au bruit lointain de nos alarmes,
Il quitte la cour et ses charmes
Et s'élance à notre secours!...»
Que l'homme est fort par ses discours,
Quand son front porte l'auréole
D'un sauveur d'âmes qui s'immole !
Le verbe de flamme descend
Sur l'auditoire frémissant
Au souffle ardent qui le traverse.
De la brune église de Perse
Les hymnes montent vers les cieux,
Et sur les flots harmonieux
Du Lot, à travers la vallée,
Chante la brise consolée ;
Dans la nuit murmurent des voix,
L'âme du fleuve parle aux bois,
La plaine aux montagnes voisines,
Le pré vert aux vertes collines,
Le val sombre au côteau riant,
Du jeune prêtre Hilarian,
Pasteur prodigue de soi-même,
Qui revient au troupeau qu'il aime,

Tous les jours, par l'étroit sentier

Où l'aubépine et l'églantier

Sèment leurs fleurs sur son passage,

Où le chantre ailé du bocage

Lui jette ses refrains joyeux.

Tous les jours au peuple anxieux

Qu'une ombre de mort environne

L'apôtre montre la couronne

Que Dieu met aux fronts des vainqueurs ;

Son cœur enflamme tous les cœurs,

Son âme prend toutes les âmes :

Faibles vieillards, timides femmes,

Tout se redresse à sa hauteur.

Quel magnifique bienfaiteur

Prodigue ainsi ses abondances ?

Surcroît de vie aux innocences,

Grâce et pardon aux repentirs,

Soif d'amour qui fait les martyrs,

Ivresse à la table mystique !...

Viens maintenant, Dragon antique,

Qui conduis les fils du Coran !

Dieu seul est vrai, Dieu seul est grand...

Hilarian est son prophète,

Et sa mort sera ta défaite
Et le triomphe des Chrétiens.

*
* *

« — En vain, mon fils, je te retiens !
Tu trompes toujours ma tendresse,
Va donc !... mais la bande traitresse
Te guette, et *tant y reviendras*
Qu'enfin la tête y laisseras. »

« — Votre crainte est pure chimère,
Répondait le fils à la mère :
Lorsque ma tête ils couperont,
Ces mains vous la rapporteront. »

*
* *

Or, pendant l'auguste mystère,
Les soldats noirs du cimeterre
Lui donnèrent le coup mortel :

Sa tête roula sur l'autel ;
Le sang du Christ et de l'apôtre
Furent mêlés... D'un pôle à l'autre
Les anges firent retentir
Le saint cantique du martyr :

*
* *

« — Il a vaincu, le jeune athlète,
Vaincu le noir Dragon et l'impur Sarrasin !
Entonne, Espalion, ton plus beau chant de fête !
Que le gai carillon remplace le tocsin...
    Il a vaincu, le jeune athlète,
    Il est debout dans sa conquête,
    Et ses deux mains portent sa tête
A sa mère qui vient par le chemin voisin !

    O martyr, qu'il est magnifique
Dans tes mains ce front pur de sang tout empourpré,
Ce front par toi lavé dans la source mystique,
Brillant comme un émail d'arc-en-ciel diapré,

O martyr, qu'il est magnifique !
Tombe à genoux, mère héroïque,
Pour baiser l'auguste relique,
Trésor d'Espalion ineffable et sacré !

La terre acclame et le Ciel chante
Ce spectacle divin de sublime grandeur ;
Le barbare s'enfuit chassé par l'épouvante,
Le rivage et le fleuve applaudissent en chœur,
La terre acclame et le Ciel chante ;
Voyez, dans la sphère mouvante
Suivi de sa cour triomphante,
Le Grand Roi qui s'avance au devant du vainqueur.

Source joyeuse de *Fonssange*,
Qu'aucun brûlant soleil ne doit jamais tarir,
Désaltère toujours le merle et la mésange,
Et que l'infirme vienne à ton flot se guérir !
Source joyeuse de *Fonssange*,
Coule limpide et sans mélange,
Siloë que sacra cet ange !
Fontaine où fut baigné le front de ce martyr !

4

Il a vaincu, le jeune athlète,

Vaincu le noir Dragon et l'impur Sarrasin !

Entonne, Espalion, ton plus beau chant de fête !

Que le gai carillon remplace le tocsin !

   Il a vaincu, le jeune athlète,

   Il est debout dans sa conquête,

   Et ses deux mains portent sa tête

A sa mère qui vient par le chemin voisin !

LE POÈTE

A François FABIÉ.

On méprise aujourd'hui la chanson du poète ;
En le voyant passer chacun dit : Pauvre tête !...
Et peut-être, les vers n'étant plus de saison,
Ceux qui raillent ainsi le poète ont raison...
Peut-être... et cependant quand on meurt dans le vide,
Quand le pauvre exilé regarde, l'œil humide,
Au delà de l'espace et du ciel étoilé,
Lorsque de toutes parts l'horizon s'est voilé
Et qu'on pleure et qu'on sent aux pieds mille étincelles,
Et qu'on se plaint à Dieu de n'avoir point des ailes

Pour s'envoler bien loin, bien loin dans l'infini,

Qui donc viendra parler d'espérance au banni ?

Qui saura vous comprendre, âmes sublimes, folles,

Qui passez demandant tout bas quelques paroles,

Un regard, un soupir qu'on ne vous donne pas ?

Quand l'ange de la mort a marqué tous vos pas

Et qu'en rentrant, le soir, vous fermez votre porte,

Quelle voix assez douce et pourtant assez forte

Vous persuadera d'aller traîner, demain,

Le même désespoir sur le même chemin ?

Ah ! le devoir est grand et la raison est sage,

Mais il est des moments pour l'âme où leur langage,

Pareil au souffle vain dans le désert perdu,

Passe sur la douleur et n'est pas entendu.

Brûlant dans les ardeurs d'une soif dévorante,

Quand, la nuit, aux lueurs de son étoile errante,

René s'en va, portant un signe sur le front,

S'égarer dans les bois au silence profond,

Allez dire à René, docteurs, que la morale

Réprouve en se voilant sa passion fatale !

Qu'avancez-vous ? L'ennui reste et ronge son cœur,

Le remède est sans force et le poison vainqueur.

Ah ! qui n'a vu devant quelque grande infortune

Le devoir impuissant, la morale importune,

Et ne s'est dit, voyant toujours couler des pleurs :

Si ce mal peut guérir, le remède est ailleurs ?...

O vous que j'ai trouvé mourant à votre aurore,

En proie au doute amer, au tourment qui dévore,

Parfois morne et courbé sous le poids du destin

Et parfois regardant vers l'horizon lointain,

— Car l'espoir ne meurt pas aisément quand on aime —

O frère, dites-moi, j'en appelle à vous-même,

Quoique vous soyez fort et chrétien avant tout —

Si tout drame ici-bas par la foi se résout

Et s'il n'est point d'appui terrestre, nécessaire

Pour vivre et pour porter sa croix jusqu'au Calvaire ?

Je passais, je vous vis, je vous tendis la main,

Je fus pour un instant votre Cyrénéen,

Je sondai la hauteur de votre sacrifice,

Et puis, lorsque ma lèvre eut bu dans ce calice

Où l'ivresse d'un jour était changée en fiel,

J'eus le droit de vous dire en vous montrant le Ciel :

Sursùm corda ! — Voilà ce que fait le poète,

Il est de la douleur l'organe et l'interprète,

Toute souffrance est sienne et sa lyre répond

A tout ce qui gémit dans l'abîme profond,

A tout ce qu'on oublie, à tout ce qu'on immole,
Et cet homme ici-bas n'aura fini son rôle
Qu'au jour où la souffrance ayant fini le sien,
Le *Mal* sera vaincu par le règne du *Bien*.

ODE AU PÈRE SÉGURET

Ils l'ont tué. — Bonne nouvelle !
— Qu'importe où sa dépouille dort ?...
— Son sang sur la plage infidèle
Fera germer des moissons d'or.
— Du sang du martyr qui palpite
Enivre-toi, terre maudite ;
— De ta fange d'iniquité
Dieu fera surgir, ô merveille !
Nouveau Lazare qui s'éveille,
Tout un peuple ressuscité !

I

Il était doux, simple et modeste,
De la race des vrais héros,
Son visage au reflet céleste
A dû sourire à ses bourreaux,
Car le martyre était son rêve,
Il savait que l'apôtre achève
L'œuvre sanglant du Golgotha,
Et, le regard baigné d'étoiles,
De loin il salua les voiles
Du navire qui l'emporta.

Adieu patrie ! Adieu rivage !
— Il s'en alla, baisant la croix,
Et dans le vent, dans le nuage
On entendit d'étranges voix ;
Et — devant lui — les algues vertes,
Les vagues de rumeurs couvertes,
Les goëlands, les goëmons,
Dans l'ouragan, dans la tempête,

Virent s'enfuir, — troupe inquiète, —
Des légions de noirs démons.

Qu'il est beau le missionnaire
Quand il paraît comme un sauveur !
L'aigle l'admire de son aire,
Le lion s'arrête, rêveur,
Et dans les plaines de l'espace
Une voix profonde qui passe
Annonce son avènement ;
Tout le contemple et tout s'incline :
Les grands chênes sur la colline,
Les étoiles au firmament.

Car son front porte une auréole,
Seigneur, sous ton ciel flamboyant,
L'humble ouvrier de ta parole,
Ressemble à l'antique Voyant ;
Et comme toi, sur ton Calvaire,
Il émeut l'antre solitaire,
Le rocher, le mont souverain :
La Nature acclame ton prêtre ;

Il fallait, pour le méconnaître,
L'homme féroce au cœur d'airain.

— « J'ai tout quitté. Je viens, mes frères,
Vous montrer le progrès qui luit ;
Cette croix pleine de mystères
C'est le soleil dans votre nuit,
C'est le pardon, c'est l'espérance,
La paix, l'amour, la délivrance,
La liberté pour tout proscrit ;
Qui veut du Ciel n'a qu'à me suivre ·
Vive la croix qui nous fait vivre !
Vive la Croix de JÉSUS-CHRIST ! »

Il se donna comme se donne
La mère au fils de sa douleur ;
Il disait au Dieu qui pardonne :
« — Pardonnez-leur ! Pardonnez leur !
Seigneur, que ma plainte vous touche,
Donnez-moi ce peuple farouche
Pour qui je vais pleurant, priant... » —
Et de la hutte à la chaumière

Il poursuivait de sa lumière
Ces aveugles de l'Orient.

Loin du pasteur qui vous appelle
  Où courez-vous, troupeaux errants ?
— Il t'a suivi, peuple rebelle,
Par les ravins et les torrents ;
Il t'a cherché dans ta nuit sombre
Et son sang a rougi dans l'ombre
La ronce amère du désert :
Vous savez, mornes solitudes,
Sentiers perdus, âpres et rudes,
Quel long martyre il a souffert !

Oh ! seul, là-bas !... n'avoir personne
Pour essuyer ses pleurs brûlants !
Sentir son âme qui frissonne
Et la mort qui vient à pas lents !...
Et dans cette angoisse suprême,
Ne plus trouver son Dieu lui-même
Qui semble fuir dans l'infini...
Oh ! brisement de tout son être !...

Vous l'avez connu, divin Maître,
Au jardin de Gethsémani !

Alors, devant cette agonie
Passa, comme un rêve éploré,
L'image adorée et bénie
De celle qui tant l'a pleuré !
Il crut la voir... il crut entendre,
Cet air des mères, doux et tendre,
Dont il fut bercé tant de fois —
— Et le père revint près d'elle,
Et la mort entr'ouvrit son aile
Pour les endormir tous les trois !

Mais ce n'est pas l'heure du glaive,
Ni le terme de son chemin,
Et voici l'ange qui relève
L'apôtre et le prend par la main...

.   .   .   .

Vous l'avez vu, forêts et plaines
Steppes immenses toutes pleines,
De sa prodigue charité ;

— Charité, dévouement sublimes !
Vos profondeurs sont des abîmes
Qui plongent dans l'Éternité !

O soif d'amour que rien n'apaise !...
O pitié de tant d'égarés !...
Larmes de Paul devant Éphèse,
Pleurs des martyrs, ô pleurs sacrés,
Tombez sur la terre fatale
Où l'idole impure s'étale,
Insulte infâme au Dieu vivant !
Allez, martyrs ! Allez apôtres,
Sauver vos frères et les nôtres !
Apôtres, martyrs, en avant !...

II

Et toi, jeune vainqueur, notre ami, notre frère,
Toi que le Ciel fit naître et grandir parmi nous,
Je t'envie, et mon chant devient une prière,
          Et je tombe à genoux !

Je sais qu'aux bords du Gange, aux rives annamites,

Le Rouergue a payé son tribut glorieux,

Que l'héroïsme, ici, n'eut jamais de limites

Et que les fils seront dignes de leurs aïeux ;

Mais de tous nos soldats qui firent ces campagnes,

— Apôtres qu'en pleurant nous avons vus partir, —

En lui vous saluez, ô mes fières montagnes,

       Votre premier martyr !

Voilà pourquoi je tremble et mon âme en délire

Prend son vol et t'apporte, ô frère bien-aimé,

Et l'amour de nos cœurs et les chants de ma lyre,

Et je t'offre à genoux cet hommage enflammé. —

On dit que, devançant le rêve d'une mère, —

Ton berceau, quand tu vins, n'était pas encor prêt —

Et, frêle, tu parus comme un ange éphémère

       Que le Ciel reprendrait...

Ah ! c'est que le Martyre avait hâte, sans doute,

De te marquer au front, enfant prédestiné,

Que le Dieu du Calvaire appelait sur sa route,

Et qui fus en naissant aux pleurs abandonné !

Et Jésus qui veillait sur ta couche fragile,

Avec son doigt divin lui-même te signant,

Te montrait — endormi -- sa Croix, son Evangile

Et son cœur tout saignant !

Et puis, à ton réveil, tes pleurs ou ton sourire

Traduisaient je ne sais quel vague souvenir,

Et ton regard baigné de rêve semblait lire

Ton destin glorieux au front de l'avenir. —

Tu grandissais, vêtu de grâce ravissante,

Ignoré, calme et doux, vertueux sans effort,

Comme un agneau choisi, victime obéissante

Et vouée à la mort.

Et lorsqu'enfin sonna l'heure d'aller combattre,

Ému, mais souriant, tu nous fis tes adieux,

Et tu courus là-bas, vers la plage idolâtre

D'où le cri de ton sang est monté jusqu'aux cieux !

Dors, ô frère, ô martyr sur les rives lointaines !

Si ma lyre ne peut te dresser des autels,

Du moins j'aurai chanté, noble enfant des Ruthènes,

Tes lauriers immortels !

III

Ils l'ont tué. — Bonne nouvelle !
— Qu'importe où sa dépouille dort ?...
— Son sang sur la plage infidèle
Fera germer des moissons d'or.
— Du sang du martyr qui palpite
Enivre-toi, terre maudite ;
— De ta fange d'iniquité
Dieu fera surgir, ô merveille !
Nouveau Lazare qui s'éveille,
Tout un peuple ressuscité !

ODE A PIE IX

A mon ami vénéré,
M. l'abbé DURAND,
doyen du clergé Aveyronnais.

J'ENTENDS des bruits de tonnerre :
   La tempête sur les mers
Contre la barque de Pierre,
Soulève les flots amers ;
L'Océan roule sur elle...
Mais Jésus dans la nacelle
Veille... et l'orage irrité,
Sur la vague qui se brise
Conduit l'arche de l'Église
Au port de l'éternité.

I

L'homme est grand ; comme l'aigle il plane aux vastes cime
Il compte les soleils roulant dans les abîmes ;
Il dit au noir mystère : Ouvre-moi tes déserts ;
Il commande à la foudre et vole sur son aile ;
Un fil prend sa pensée et rapide comme elle
Franchit l'immensité des terres et des mers.

L'homme est grand quand son âme anime une bataille,
Quand, superbe, il s'élance et brave la mitraille
Pour venger son pays, l'honneur, la liberté :
Qu'il revienne en vainqueur ou qu'en brave il succombe,
Attachez à son front ou jetez sur sa tombe
          Des palmes d'immortalité !

Guerriers, savants, penseurs, salut, phalange auguste !
Mais il n'est rien pour moi d'aussi grand que ce juste,
Que ce noble vieillard, ce prêtre aux cheveux blancs,
A qui Dieu, dans nos temps de trouble et de discorde,

A dit : Sois la clémence et la miséricorde, —
Et qu'on voit seul debout sur nos sommets tremblants.

II

Quand dans le temple illustre où les foules pieuses,
O Pierre, vont baiser tes chaînes glorieuses,
Ta voix inspiratrice appela Mastaï,
Quand le front de l'élu sacré par l'huile sainte
Apparut radieux sous la céleste empreinte
   Comme Moïse au Sinaï,

O Pierre, avais-tu dit à l'ange de Spolète
Que la triple couronne en tombant sur sa tête
Enfoncerait l'épine à son front comme au tien ?
Qu'il serait comme toi le pape du Calvaire,
Dépouillé par un roi plus vil qu'un vil sicaire :
Pilate ayant au front le signe du chrétien ?

III

Satan porta le Christ au pinacle du Temple,
Et lui dit : « L'univers que ton regard contemple,
Ces royaumes épars que je tiens sous ma loi,
Je t'en donne la gloire et la magnificence,
Si tu veux en retour de cet empire immense
       Fléchir le genou devant moi ».

Tels les fils de Satan, les valets de Caïphe,
Avant de te frapper au visage, ô Pontife,
Ont baissé devant toi leur drapeau révolté :
— « Viens à nous, nous aurons la force et la justice,
Viens ! tu sera le chef de l'auguste milice
Qui combat pour la gloire et pour la liberté » !

Liberté ! liberté ! c'est le cri de toute âme
Qui pleure dans l'exil et que l'amour enflamme !
Liberté ! c'est l'espoir qui fait battre nos cœurs,
C'est l'océan de vie où se plonge Dieu même,

L'éternel mouvement dans le repos suprême,
    Le prix que Dieu donne aux vainqueurs !

Sur ton front rayonnait sa divine lumière,
O Pie, et tes sujets sous ta blanche bannière
Acclamaient à l'envi ton nom et ton pouvoir,
Car tu dis à ton peuple en brisant ses entraves :
— « Vous êtes mes enfants et non pas mes esclaves,
    Soyez libres dans le devoir ! »

Gardez, Romains, gardez cette liberté sainte
Qui grandit dans l'amour et qui bannit la crainte !
Servir Dieu, c'est régner ; Romains, n'écoutez pas
Les fauteurs insensés des discordes sinistres,
Car l'ange révolté dont ils sont les ministres
    Creuse l'abîme sous vos pas.

IV

    L'enfer a dilaté ses portes,
    Le chef de la Rébellion,

Suivi de ses noires cohortes,
Court et rugit comme un lion :
Le front courbé sous l'anathème,
Il vomit des noms de blaspème,
Et de ses orbites sanglants
Contre le Christ et son vicaire
Jaillissent des flots de colère
Comme la lave des volcans.

— « Que veulent ces clameurs guerrières ?
Disait le Prince de la paix :
Vous combattez contre vos frères,
Et vos exploits sont des forfaits... »
— Soudain, dans un affreux tumulte,
Grondent la colère, l'insulte,
Des menaces, des cris de mort...
Pars pour l'exil, pontife auguste,
Bénissant Dieu qui donne au juste
Le Calvaire après le Thabor !

Tu te souvins alors de ta noble devise,
O France, fille aînée et soutien de l'Église,
Tu rendis le Pontife à son peuple romain...

Puisse le souvenir de ta gloire passée
Armer tes bataillons, France, noble blessée,
Pour les revanches de demain !

Mais toi, dont la main souveraine
De Pierre a brisé les liens,
Que peuvent la rage et la haine
Contre celui que tu soutiens ?
Ta force éclate en sa faiblesse :
Quand le monde entier le délaisse,
Le bras du Pape en est plus fort ;
Lutteur divin, sublime athlète,
Je le vois bravant la tempête
Qui gronde en un suprême effort.

Ce roi sans sceptre et sans couronne
Domine toutes les grandeurs,
Il parle et le crime s'étonne
D'éprouver de vagues terreurs ;
Comme Jéhovah dans l'orage,
Ce faible vieillard qu'on outrage
Fait trembler les fiers potentats ;
Son doigt par d'éternelles marques

Grave sur le front des monarques
La honte de leurs attentats.

Mais il faut que toujours ton Église combatte,
O Christ, et qu'avec toi de Caïphe à Pilate
On la traîne enchaînée, et qu'après deux mille ans
Le pape des douleurs gravisse ton calvaire,
Pendant que l'univers contemple et laisse faire
Les bandits dépouillant ce prêtre aux cheveux blancs !

V

J'entends des bruits de tonnerre
La tempête sur les mers
Contre la barque de Pierre
Soulève les flots amers :
L'océan roule sur elle...
Mais Jésus dans la nacelle
Veille... et l'orage irrité
Sur la vague qui se brise
Conduit l'arche de l'Église
Au port de l'éternité.

FÊTES CARDINALICES

RETOUR DE ROME

Plus beau que l'astre matinal,
Rodez, le Ciel te le ramène
Couvert de la pourpre romaine :
Longue vie à ton cardinal !

Viens, Millau, viens, Espalion,
Et Villefranche et Saint-Affrique !
Exaltons dans un saint cantique
L'Élu de Pierre et de Léon !

Dans l'Aveyron — voilà vingt ans —
Il vint après l'heure funèbre ;
Jeune prélat déjà célèbre,
Il rayonnait comme un printemps.

Il parut au sein du troupeau
Comme un savant et comme un sage ;
Chacun disait sur son passage :
Que sera le pasteur nouveau ?

Et son grand cœur se révéla,
Le cœur du père et de l'apôtre :
— « Tout mon bonheur sera le vôtre » ;
Tout le cœur d'un père est bien là.

Sur son blason il a gravé
La force et l'appui qui console :
O la noble et belle parole
Par qui le monde fut sauvé !

Il a passé comme Jésus
Semant le grain sur nos collines ;

Ouvriers des moissons divines,
Offrez-lui vos gerbes d'élus,

Aucun effort en ses desseins
N'étonne son cœur intrépide ;
C'est le héros de gloire avide,...
De la gloire qui fait les saints.

Par des concerts toujours nouveaux
Chantez, ô campagnes et villes,
Les monuments indélébiles.
De son zèle et de ses travaux.

Quand il a marqué ses enfants
De l'huile qui fait la vaillance,
Comme il les prend, les tient, les lance,
Pour qu'ils soient forts et triomphants !

Pour t'élever à la vertu,
De quels accents son âme ardente
Jette sa doctrine abondante !
Heureux troupeau, t'en souviens-tu ?

Tout épris d'un souffle divin
Pour le Dieu caché dans l'Hostie,
Il a chanté l'Eucharistie
Comme Ambroise et Thomas d'Aquin.

Près du Gave aux monts souverains,
Vous qui régnez blanche et sereine,
Souvenez-vous, ô Vierge reine,
Du Rouergue et ses pèlerins !

L'Évêque nous cria : « Venez,
Mes hommes dont l'âme est virile ! »
Et nous partîmes quatre mille...
Gloire aux chrétiens aveyronnais !

Tous les attraits de vos beautés,
O toute belle Immaculée,
Devant la foule émerveillée
Qui jamais les a mieux chantés ?

Ainsi que l'aigle des hauteurs,
Sur l'aile d'or de l'éloquence

Il part, il s'élève, il s'élance
Dans les soleils de vos splendeurs.

Mère si bonne, inclinez-vous
A l'humble et fervente prière
Que vous fait sa famille entière,
Les mains jointes, à deux genoux.

Et s'ils venaient nous le ravir
Sur le nouveau char de sa gloire,
O mère de toute victoire,
Soyez là pour le retenir !

Où saurait-on le mieux aimer
Qu'au sein de sa belle famille ?...
Ne faut-il pas que l'astre brille
Au ciel qui l'a vu s'allumer ?...

HYMNE AU CARDINAL

EXULTE, ô reine magnifique,
O cathédrale, ô vieille tour,
Et que tout chante, ô basilique,
Ton chant de triomphe et d'amour
Au pontife qui vint un jour
Grandir encor ta gloire antique !

Sur ton beau siège il prit sa place,
Et le signe révélateur

En ce puissant vêtu de grâce
Fit voir l'ange rénovateur
Qui creuserait la profondeur
Du grand sillon que rien n'efface.

Et les Amans et les Dalmace,
Les d'Estaing et les Corneillan
Saluèrent la sainte audace
De l'apôtre fort et vaillant
Dont le regard émerveillant
Embrassait les temps et l'espace.

Peuples, chantez ; chantez, églises ;
Chantez, campagnes et cités :
O Rouergue, il faut que tu dises
Tes nouvelles fécondités,
Tes vieux temples ressuscités,
Tes vieilles gloires reconquises !

Éveillez-vous, vieux monastères,
Dans la tourmente ensevelis ;
Refleurissez, vertus austères,

Comme les roses et les lis :
Et sous l'ombrage des gaulis
Chantez, ô bardes et trouvères !

Chantez, zéphyrs, tièdes haleines,
Qui volez de la combe au val !
Et dans les brises, toutes pleines
Des refrains d'amont et d'aval,
Que Bonnecombe et Bonneval
Fassent monter leurs cantilènes !

Oh ! la belle et douce harmonie !
Gloire au céleste agriculteur
Dont le grand cœur, dont le génie
A, de son souffle créateur,
Fait germer sur toute hauteur
La moisson féconde et bénie !

Ce beau renom qui t'environne
Et franchit l'horizon lointain,
O mon pays, qui te le donne ?...
L'ange qui des Thomas d'Aquin,

Des Hilaire et des Augustin,
Porte au front la triple couronne !

Il a plongé jusqu'à l'essence
Des mondes sans fin de l'esprit ;
Le savoir mesure et cadence
Le verbe puissant qu'il écrit,
Et nul rayon ne circonscrit
Le grand vol de son éloquence.

A la tribu de ses lévites,
Docteur certain, il a montré
La route austère et sans limites
Où fleurit le rameau sacré, —
Et que d'élus ont, à son gré,
Remporté les palmes prescrites !

Combattez aux places premières,
O vaillants qu'il a couronnés,
Pendant que lui, dans nos chaumières,
Va marquer les prédestinés
Qu'attendent après leurs aînés
Sa providence et ses lumières.

Il en a pour la terre entière,

Il les forme à tous les combats ;

Il en donne à toute prière :

— « L'Aveyron n'en manquera pas !

» Allez, mes fils, allez là-bas

» Où l'Eglise étend sa frontière !

» *Frères* et *Sœurs*, à mes apôtres

» Unissez-vous, — le monde est grand ; —

» — Encore ! encore ! — En voici d'autres !

» Partez au souffle qui vous prend,

» Allez, enfants, — le Ciel attend —

» Sauver nos frères et les vôtres ! »

Ainsi la gloire se promène,

Pontife auguste et glorieux ;

La terre entière est son domaine :

Et cet ange venait des cieux

Qui baigna ton front radieux

Des flots de la pourpre romaine.

Plus doux que la vague et la brise,

Plus haut que l'orgue et le beffroi,
Chantons le Prince de l'Église :
Beau Cardinal, salut à toi !
Vive l'Élu du Pape-Roi,
Tout rayonnant comme Moïse !

ÉPITHALAME

A M. Charles C. DE P.

CHARLES, te souviens-tu qu'un soir assis à l'ombre,
  Moi l'homme trop riant, toi l'enfant un peu sombre,
— Prêtre et collégien, amis depuis longtemps —
Mes trente hivers disaient à tes seize printemps
Que le chant des oiseaux et le parfum des roses
Sont doux, que le Seigneur a bien fait toutes choses,
Qu'il faut l'aimer beaucoup et beaucoup le bénir,
Bien user du présent et croire en l'avenir.
Or l'enfant est un homme et presque un personnage,
Et voilà que ta vie est un ciel sans nuage
Où l'étoile de grâce et d'espérance a lui :

L'avenir d'autrefois, Charles, c'est aujourd'hui.

Sois heureux et sois fier : l'ange que Dieu te donne

Est le temple du rêve où l'extase rayonne,

Où l'idéal te chante un éternel amour.

Oh! s'aimer librement, au grand air, au grand jour,

Sous le regard de Dieu, sous les yeux d'une mère,

Jeter au ciel deux cœurs dans la même prière,

Afin que s'en allant plonger dans l'infini

Ce ruisseau d'amour pur ne soit jamais terni

Par un frisson de l'ombre ou par un pli du doute,

S'appuyer l'un sur l'autre et poursuivre sa route,

En répétant ce mot que l'on redit sans fin !...

Oh ! Charles, quel beau rêve.... et c'est là ton destin !

Car tu seras l'époux de la femme chrétienne,

Cœur frère de ton cœur, âme sœur de la tienne,

Avec toi s'envolant aux vastes profondeurs,

Dans toutes les clartés, dans toutes les grandeurs.

S'aimer, c'est se comprendre : elle saura te suivre

Aux sommets de l'idée où ton rôle est de vivre,

Et toi, l'homme du droit et du savant conseil,

Tu lui demanderas parfois à ton réveil,

Comme au bon ange à qui le Ciel se manifeste,

D'éclairer ton chemin de son rayon céleste !

LA VILLEFRANCHOISE

POUR LA RÉCEPTION DE MONSEIGNEUR GERMAIN ET LA CONSÉCRATION

DU NOUVEAU GRAND AUTEL DE NOTRE-DAME

Refrain

SONNE, sonne, gai carillon,
   Chante avec nous l'hymne de flamme,
Jette aux vents comme un bataillon
   Le solfège ailé de ta gamme ;
  Flotte à la tour, fier pavillon,
  Fier pavillon de Notre-Dame !

VOIX DE LA VILLE

Je suis la ville belle et franche,

La cité blonde, bleue et blanche,

Assise aux bords de l'Aveyron,

La reine des vallons fertiles,

La ville libre entre les villes

Qui de tout esclavage a repoussé l'affront.

VOIX DE NOTRE-DAME

Je suis la belle grande église,

Et j'entends, dans ma gloire assise,

Mon passé qui s'éveille et je vois accourir

En foule sous mes vieux portiques

Les fils des chrétiens héroïques

Qui surent pour la foi lutter, vaincre et mourir.

VOIX DE LA VILLE

Le frère du saint Roi Louis me fit bâtir

Et grava sur mes murs : « Patrie, Honneur, Vaillance ».

Captive, à mes enfants j'ai dû ma délivrance,
Pas un au joug anglais n'a voulu consentir.
Indomptables et fiers comme le roi martyr,
Ces vrais Français mouraient sur le cœur de la France.

Sept siècles ont passé. — Gloire aux Villefranchois !
Les nouvelles couleurs du drapeau de leur choix
N'ont point changé leur âme ; ainsi qu'au temps des rois,
Ils peuvent arborer au fond du vieux Rouergue
L'oriflamme d'honneur où rayonne l'exergue :
Aveyronnais toujours, Français comme autrefois !

VOIX DE NOTRE-DAME

Un jour l'hérésie impure et sauvage
A souillé mon sein, pillé mes trésors.
Oh ! que mes enfants furent beaux alors !
Du haut de la tour leur mâle courage
Des fils de Calvin arrêta la rage,
Défia l'enfer, brisa ses efforts...
Gloire à mes chrétiens si grands et si forts !

VOIX DES ARTISTES

Pur chef d'œuvre de l'art gothique,
    Après l'outrage des méchants
Qui t'a rendu ta gloire et ta parure antique ?
Que dans notre cité, nos hameaux et nos champs,
    Tout les bénisse et les acclame,
    Ceux qui t'ont faite, ô Notre-Dame,
Si belle qu'à te voir on sent le cœur et l'âme
Tout pleins de saints transports, de prière et de chants !

        Ta beauté première,
        Gloire des aïeux,
        Comme la lumière
        Éblouit nos yeux :
        Tout dans ton enceinte
        Révèle l'empreinte
        Radieuse et sainte
        De l'art immortel ;
        Belle entre les belles !
        Tes anges fidèles

Couvrent de leurs ailes
Ton nouvel autel.

La foi s'émerveille
Devant ce Thabor
Qui semble une veille
Des étoiles d'or ;
L'extase infinie
Emplit d'harmonie
La lyre bénie,
Et soudainement
La strophe rapide
Vole dans l'abside
Vers l'autel splendide
Comme un firmament.

VOIX DU PEUPLE

Vous que Saint-Baudile
Pleure encore tant,
Vous que notre ville
Reçoit en chantant,

Vous que la Madone

Pour père nous donne,

Consacrez le trône

De l'Agneau divin ;

Dans ce sanctuaire

Mêlant leur prière,

Les fils et le père

S'aimeront sans fin.

VOIX DU PEUPLE ET DE LA VILLE

Chœur final

Gloire au Seigneur ! Gloire aux ancêtres !

Gloire à mes fils ! Gloire à mes prêtres !

Gloire au pontife aimé qui bénit ses enfants !

Gloire au pasteur de Notre-Dame

A l'âme ardente, au cœur de flamme !

Gloire à vous tous, vaillants chrétiens morts et vivants !

Sonnez gais carillons, et sur l'aile des vents

Volez au ciel, cantiques triomphants !

ODE A SAINTE FOY

« *Duc nos quô resides, inclyta Virgo Fides.* »

(Devise gravée sur le sceau de l'abbaye.)

Au R. P. Charles SERVIÈRES.

A SAINTE Foy la Grande, amour! amour et fête!
Qu'une immortelle gloire environne son front!
C'est le refrain que chante l'Aveyron!
Que la montagne aride au rocher le répète,
Que le rocher jette au vallon
Ce beau refrain que chante l'Aveyron :
A sainte Foy la Grande, amour ! amour et fête !
Qu'une immortelle gloire environne son front !

On vit en ce temps-là des enfants et des vierges,
Sur le feu dévorant, sous les sanglantes verges,
   Sourire et regarder au ciel avec amour,
Et dire aux magistrats effrayés sur leurs sièges :
— « Demain s'écrouleront vos temples sacrilèges
   Et Jésus-Christ aura son tour ! »

Blonde comme l'épi de nos champs que Dieu dore,
Brillante d'avenir, comme au front de l'aurore
   Les premiers rayons du printemps,
Foy, la perle d'Agen, apparut dans l'arène,
Douce comme un agneau, fière comme une reine, —
   Vierge et martyre de douze ans !

Quand il vit ce combat du haut de la colline,
Caprais, le vieux Pasteur, sentit dans sa poitrine
   Se rallumer sa flamme, et, guerrier chancelant,
Courbé sur son bâton qui le soutient à peine,
Il s'avance... et l'on voit combattre dans la plaine
   Le vieillard auprès de l'enfant.

Alors il s'en trouva cinq cents, noble phalange,
Qui dirent : Le vrai Dieu, c'est le Dieu de cet ange ;

Vive le Dieu qu'adore Foy ! —
Ils étaient altérés d'amour : tu les fais boire
A ton calice, enfant, et ton char de victoire
    Les emporte au Ciel avec toi.

Voyez ! voyez le char de gloire qui s'élève ! —
Céleste vision qui passes dans mon rêve,
Prends mon âme !... J'ai froid sur la terre, et mon pain
Est mouillé de mes pleurs. O Foy, je veux te suivre
Là haut dans l'Océan d'azur où l'on s'enivre
    Au torrent de l'amour divin !

Dans le drame agité de cette vie humaine
Bien des rôles d'enfant ont ébloui la scène :
    Dieu lui-même applaudit le tien ;
Et lorsque sous ses yeux son œuvre se déroule,
De mille acteurs divers laissant passer la foule,
    Il te regarde et dit : « C'est bien !... »

L'oiseau s'est envolé de la branche qui tombe...
Mais tu nous as laissé ton corps, blanche colombe.
Et ce corps virginal, doux trésor bien aimé,

Quinze siècles n'ont pu le ravir à nos pères :
Le voilà... rayonnant dans l'or et les lumières, —
        De gloire et d'amour embaumé !

Oui, nous le possédons, nous en sommes les maîtres.
Nous avons jeté l'or sur l'or de nos ancêtres... —
        Et les enfants de saint Norbert,
Sentinelles d'honneur de l'auguste relique,
Abritent sous les plis de leur blanche tunique
        L'ange du ciel dans le désert.

Vierge, quand les fureurs des guerres fratricides
Brisaient les châsses d'or sous les sombres absides,
Et jetaient les martyrs au fond des noirs torrents,
Ta dépouille angélique, ô Foy, que devint-elle ?
Quel Chérubin ardent t'abrita sous son aile
        Contre les tigres dévorants ?

Ta gloire se taisait sous les voûtes désertes,
Et, — comme l'alcyon en son nid d'algues vertes
        S'endort sur le flot mugissant, —
Sous les rochers muets qu'ébranlait le tonnerre,

Dans ces murs qui t'ouvraient leurs entrailles de pierre,
Tu dormais dans l'or et l'argent.

Que doux est ton sourire, ô vierge qui t'éveilles !
Lève-toi, car le monde est plein de tes merveilles,
Lève-toi pour bénir tes enfants prosternés ;
Car ce peuple est ton peuple, ô vierge, ô ma patronne,
Et ces mille brillants de ta double couronne,
C'est lui qui te les a donnés.

Chante, Dourdou rapide, à sainte Foy la Grande
Un hymne de triomphe ; et si l'on te demande
Quelle fièvre t'a pris et t'agite, réponds
Que sainte Foy la Grande a remué tes ondes,
Et que son âme passe en tes gorges profondes
Sur l'aile des flots vagabonds.

Chante ! chante et bondis ! chante, Dourdou rapide,
Chante avec le rocher et la montagne aride,
Avec la plaine et les vallons ;
Chante-la dans tes nuits et dans tes solitudes,
Jette son nom au ciel, aux vents, aux multitudes
Qui passent aux bleus horizons.

7

Si ma voix n'ose pas dire ton épopée,
Bel ange que Michel arma de son épée
      Pour veiller sur notre Aveyron,
Sur ton front virginal couvert d'étoiles blanches,
Je veux du moins mêler l'humble feuille des branches
      Aux palmes vertes de Sâron.

J'irai, je chanterai, loin des hommes moroses,
Les ruiseaux, le bois sombre et le parfum des roses
Et les nids pleins d'amour qui dorment sous le ciel ;
Puis ma lyre dira que ton âme est plus pure
Que le bois et la rose et l'onde qui murmure,
      Que l'amour du nid maternel.

Je dirai que moins beaux sont les lis sur leurs tiges ;
Je dirai que ta main a semé les prodiges
      Comme Dieu sème les soleils :
Que ton bras a reçu la suprême puissance
Pour combattre l'Enfer, protéger l'innocence
      Et préparer nos grands réveils.

O Foy, garde-nous bien, car l'horizon est sombre,
Car on entend des voix qui menacent dans l'ombre ;

Les méchants ont crié : « Blasphème et guerre à Dieu !
A bas le Christ, à bas la Croix, à bas l'Église ;
Nous ne connaissons plus ni Jésus ni Moïse,
    Nous avons le fer et le feu. »

Et nous, vierge, avec toi, sous ta blanche oriflamme,
Nous braverons l'enfer, et le glaive, et la flamme :
    Amour et gloire au Dieu vivant !
Oh ! tu nous garderas d'avoir peur de ces hommes !
Mourons, s'il faut mourir, car la fange où nous sommes
    Ne vaut pas ton Ciel triomphant.

Voyez ! voyez le char de gloire qui s'élève ! —
Céleste vision qui passes dans mon rêve,
Prends mon âme ! — J'ai froid sur la terre, et mon pain
Est mouillé de mes pleurs. O Foy je veux te suivre
Là-haut, dans l'océan d'azur où l'on s'enivre
    Au torrent de l'amour divin !

A sainte Foy la Grande, amour ! amour et fête !
Qu'une immortelle gloire environne son front !
    C'est le refrain que chante l'Aveyron !

Que la montagne aride au rocher le répète,

    Que le rocher jette au vallon

Ce beau refrain que chante l'Aveyron :

A sainte Foy la Grande, amour ! amour et fête !

Qu'une immortelle gloire environne son front !

POUR UNE RETRAITE

A SAINT-ANDRÉ

CHANTEZ ! chantez, brises nouvelles,
　　Avec la cloche, avec les vents ;
Le ciel est pur, les fleurs sont belles
Et Dieu visite ses enfants !

Voici ton heure, âme distraite,
Le temps s'envole sous tes pas ;
Les jours bénis de la retraite
Passent et ne reviendront pas.

Pourquoi t'enfuir, pourquoi poursuivre
Tes rêves d'or loin du Seigneur ?
Vivre sans lui, ce n'est pas vivre,
Et l'oubli n'est pas le bonheur.

Qu'as-tu puisé dans tes ivresses ?
Le dégoût sombre au rire amer ; —
La coupe est vide que tu presses, —
Ton cœur est grand comme la mer.

Car Dieu t'a faite, âme immortelle,
Pour t'envoler au Ciel un jour,
Et plonger ta soif éternelle
Dans l'océan de son amour.

Ah ! que fais-tu dans la nuit sombre
Comme un mendiant qui tend la main ?...
Ton pied meurtri rougit dans l'ombre
La ronce amère du chemin...

Oubliant ta noble origine,
Tu vas, dans tes âpres désirs,

Noyer l'étincelle divine
Au gouffre impur de tes plaisirs.

Mais la mort vient d'un pied rapide,
Qui jette à l'oubli du cercueil,
Beauté, plaisirs, jeunesse avide,
Tout le vain bruit de ton orgueil ;

Et par delà, Juge implacable. —
Un Dieu qui montre au révolté
L'Enfer, abîme épouvantable,
L'Enfer... avec l'éternité !...

Car sa bonté ne peut pas être
Complice de tes fiers dédains ;
S'il est le Père, il est le Maître,
Vengeur de ses droits souverains.

Reviens, reviens, pauvre rebelle,
Tourne vers Dieu tes pas errants ;
Son cœur te suit, sa voix t'appelle
Par les ravins et les torrents.

A ta faiblesse, à ton audace,
A tes perfides abandons,
Il offre encor toute sa grâce,
Tous les secours, tous les pardons.

Il est la voie et l'espérance,
L'ami, le grand consolateur ;
Il a payé ta délivrance
Des flots de son sang rédempteur.

Sais-tu, pécheur, ce qu'elle coûte
Ton âme qu'un Dieu racheta ?
Son prix est écrit sur la route
De Bethléem au Golgotha.

Quoi ! tu peux voir, — prodige étrange !
Ce Christ aux longs bras amaigris,
Qui de son sang lava ta fange...
Et tant d'amour est incompris ! !

Pour être aimé, qu'a-t-il pu faire
Que son amour n'ait fait encor ?

Vois cet autel : C'est le Calvaire,
C'est le Cénacle et le Thabor.

A toi, fragile Créature,
Trop inconstante en tes efforts,
S'offrant lui-même en nourriture,
Il dit : « Je suis le pain des forts ;

» Au prix de légers sacrifices,
» Si mon Ciel te semble trop cher,
» Comme avant-goût de ses délices,
» Viens ! bois mon sang, mange ma chair ! »

Mais peut-être au fond de l'abîme,
Tu n'oses plus lever tes yeux
Ni vers la croix de ta Victime,
Ni vers l'autel, ni vers les cieux ?

Quelqu'un a vu ta honte amère —
Au premier cri de ta douleur,
Regarde, enfant : Voici ta Mère
Qui t'ouvre ses bras et son cœur !

MORTS DE FROID !

« Non loin de Lésignan, deux
petits ramoneurs qui avaient
cherché un asile dans les fer-
mes, ont été trouvés morts, ce
matin, dans un hangar. »

*(Extrait des journaux du
20 janvier.)*

LE besoin pour guide, et l'espoir au cœur,
Ils venaient de loin, les deux petits frères ;
Ils ne demandaient qu'au travail sauveur
Le pain et l'abri ; mais les vents contraires
Ont soufflé du Nord leurs grandes colères...
Pitié pour le pauvre et le ramoneur !

Sous leurs lourds sabots le pavé résonne,
Par tous les chemins l'hiver est assis,
L'âpre bise mord leur chair qui frissonne ;
Ils s'en vont priant, faibles et transis, —
Comme les sillons, les cœurs sont durcis,
Et leur cri plaintif n'attendrit personne !...

Ils vont... grelottant de froid et de faim,
Serrant les genoux, portant sur l'épaule
Les racloirs noircis qui gagnaient leur pain,
Sans trouver la main qui s'ouvre et console,
Un peu de travail, une pauvre obole
Qui les conduirait peut-être à demain !...

Le soir vient. La voix faible et lamentable
Des deux ramoneurs que l'on éconduit,
Ne demande plus le feu ni la table...
Rien qu'un pauvre asile où passer la nuit ; —
Mais l'homme qui donne aux chiens un réduit
Ferme aux deux enfants la grange et l'étable !

Ah ! pauvres enfants dont nul n'a pris soin,
Et qui n'ont pas eu même un lit de paille !...

Un sommeil de mort déjà les travaille...
Et le lendemain, blottis dans un coin,
Sous le vieux hangar, contre la muraille,
Les deux orphelins ne s'éveillent point !

Ils sont là tous deux, couchés sur les pierres,
La main dans la main... pour se soutenir ;
Leur vague regard, par d'humbles prières,
Implore un secours trop lent à venir :
D'où leur sont restés — navrant souvenir ! —
Ces pleurs congelés au bord des paupières !

Des enfants mourir, c'est bien triste à voir !
Mais mourir ainsi... Douleur trop amère !
O sombre abandon ! affreux désespoir !...
Horreur de la nuit morne et solitaire !...
Les pauvres petits appellent leur mère...
Et sur eux se penche un grand spectre noir !

Et vous permettez ces choses étranges,
O Dieu tout puissant ! Et vous permettez
Qu'on ferme les cœurs... qu'on ferme les granges

A deux orphelins partout rebutés !...
Où sont donc, Seigneur, vos vieilles bontés ?
Et que font là-haut vos saints et vos anges ?

.   .   .   .

Le pauvre s'en va faible et s'appuyant
Sur quelque roseau qui plie et se brise ;
Sur tous les chemins, la misère assise
Tend les mains et dresse un front suppliant ;
Tout cœur est en deuil, toute âme agonise,
Et tout fuit la mort... et meurt en fuyant.

Et jusqu'au dernier des jours de l'épreuve,
C'est l'heure du mal et le temps des pleurs ;
Il faut que tout souffre et que tout s'abreuve
Au calice amer des grandes douleurs :
Partout les serpents glissent dans les fleurs
Et l'adversité coule comme un fleuve.

Mais toujours du pauvre il reste l'appui,
Le Dieu qui pleura sur notre indigence ;
Son amour est bien le même aujourd'hui :

Le pauvre qui meurt, meurt en sa présence,
Et son cœur, tout plein de compatissance,
S'émeut comme alors et pleure avec lui.

Larmes de Jésus !... Amour qui ruisselle !...
Un jour en tombant sur la pauvreté
Vous avez fait naître une fleur si belle
Qu'elle endort les maux de l'Humanité ;
Cette fleur céleste est la Charité,
Et depuis, le monde est sauvé par elle.

Aimer est divin : frères, aimons-nous !
Aimons et donnons, c'est la loi du Maître ;
Ne refusez pas de vous y soumettre !
Riches, soyez bons : le pauvre à genoux
Devant votre juge obtiendra peut-être
Un jour sa clémence et son ciel pour vous.

Malheur au cœur dur — de pierre ou de glace !
Du grand livre d'or son nom est rayé.
Il ferme sa porte au pauvre qui passe :
Qui renvoie, un jour sera renvoyé.

Malheur à celui qui n'a point pitié !
Dieu l'écartera... bien loin de sa face.

Frères, Dieu nous voit où que nous soyons ;
Ce n'est pas en vain que le pauvre espère,
Car Dieu changera ce que nous voyons.
Frères, espérez ! espérez au Père !
Un jour, les haillons de votre misère
Du soleil sans fin seront les rayons !

UNE RETRAITE

A DECAZEVILLE

DIALOGUE ENTRE OUVRIERS ET MISSIONNAIRES

Air : *J'ai deux grands bœufs...*

OUVRIERS

TRAVAILLEURS des forges ardentes
   La fumée a noirci nos fronts
Et nos sueurs sont abondantes
Comme nos travaux sont féconds.

8

MISSIONNAIRES

Ouvriers des moissons divines,
Nous allons vers les travailleurs ;
Les épis brûlés des usines
Pour nos gerbes sont les meilleurs.

OUVRIERS

Des hauts-fourneaux le métal coule
Comme la lave des volcans,
Et c'est nous qui tirons du moule
Le fer ardent en lingots blancs.

MISSIONNAIRES

La céleste fournaise est prête :
Sur vos âmes, frères aimés,
Nous voulons pendant la retraite
Verser des torrents enflammés.

OUVRIERS

Le voyez-vous ce bloc informe ?

Nos tenailles et nos bras forts
Le jettent au cylindre énorme,
Qui le vomit à grands efforts.

MISSIONNAIRES

Du missionnaire qui passe,
Puissent les efforts triomphants
Sous le cylindre de la grâce
Jeter, Seigneur, tous vos enfants !

OUVRIERS

Sur les enclumes implacables,
Nos marteaux font un bruit d'enfer ;
Nous faisons des ponts et des câbles,
Des ponts et des câbles de fer.

MISSIONNAIRES

O frères, les mains de l'apôtre
Font au ciel des câbles géants
Qui portent d'une rive à l'autre
Des ponts de fer pour les passants.

OUVRIERS

Nous sommes la tribu qui fouille
Au flanc noir des monts souverains,
Et c'est nous qui tirons la houille
Du fond des vastes souterrains.

MISSIONNAIRES

Des souffrances les plus intimes
Nous savons les tristes chemins ;
C'est nous qui tirons des abimes
Le pécheur qui nous tend les mains.

OUVRIERS

Quand la nuit règne sur le monde,
Quand tout repose et quand tout dort,
Au sein de la terre profonde
Le mineur veille et frappe fort...

MISSIONNAIRES

Quand tout dort, quand tout se repose,

L'apôtre veille bien souvent
Pour frapper à la porte close
D'un pauvre cœur qui se défend.

OUVRIERS

Notre vie est des plus amères ;
Parfois nos cœurs sont révoltés ;
Dites-nous, ô missionnaires,
Quel remède vous nous portez ?

MISSIONNAIRES

Pour alléger votre souffrance,
Frères aimés, nous vous portons
La paix, l'amour et l'espérance,
Tous les secours, tous les pardons,

La force pour vos travaux rudes,
Le pain de l'immortalité,
Avec les douces certitudes
Du repos dans l'éternité.

NOTRE-DAME DE LA GARE

PRIÈRE DES VOYAGEURS

LE noir géant s'ébranle avec un bruit d'orage
Et lance sur les rails son galop dévorant;
O Mère, tiens les freins de mon coursier sauvage,
Car l'homme est bien petit et l'espace est bien grand !

Ma fragile existence, hélas ! n'est qu'un voyage,
Et tous mes jours comptés s'en vont comme le vent
Sans laisser après eux même ce vain nuage
Dont l'objet va se perdre à l'horizon mouvant.

Heureux qui dans sa course, ô ma douce Madone,
Sur ton sein maternel s'endort, et t'abandonne
Tout son être fuyant comme un souffle emporté !

Oh ! rappelle à toute heure à mon âme attentive
Qu'à son terme ici-bas nul voyageur n'arrive
Et que l'arrêt suprême est dans l'Éternité !

BALLADE A SAINTE FOY

Translation des reliques de Rodez
à Conques après la restauration de la châsse à Paris

A M. l'abbé Louis SERVIÈRES.

LEVEZ-VOUS! c'est elle qui passe
Dans sa parure d'arc-en-ciel;
Les oiseaux chantent dans l'espace,
Les anges chantent dans le ciel :
Triomphe à sainte Foy la Grande !
Volez, mes vers, modeste offrande,
D'un cœur épris de sa beauté !
O Vierge, daigne me sourire,

Car les chants que ton souffle inspire
Ont droit à l'immortalité.

Dans la foule — mer orageuse —
Dans ce Paris d'où tu reviens,
As-tu vu, belle voyageuse,
Des bijoux plus beaux que les tiens ?
Voyez ! voyez comme elle est belle !
Ce beau soleil brille pour elle
Et des coteaux environnants
Mille reflets d'or et d'albâtre
Vont se jouer, danse folâtre,
Sur sa robe de diamants.

Dans l'azur bleu pas un nuage,
Pas un nuage sur nos fronts ;
La brise dort dans le feuillage,
L'amour veille dans nos vallons :
De Salles-la-Source à Cougousse
Le buis vert, le lierre et la mousse
Se balancent, festons joyeux :
Chantez, montagnes et collines,

Vignerons aux mâles poitrines,
Voix de la terre et voix des cieux !

De bien t'aimer, sainte patronne,
L'Aveyron s'est fait une loi :
Notre amour t'a dressé ce trône,
Sur ce trône repose-toi !
Bénis ce peuple et cette ville ;
Marcillac est notre Séville,
Marcillac a des côteaux verts ;
Le Créneau baigne ses prairies,
Et moi sur ses rives fleuries
Pour toi j'ai fait mes plus beaux vers.

Ta présence ici nous est douce
Comme la brise au voyageur,
Comme à l'oiseau son nid de mousse,
Comme la grappe au vendangeur ;
Reste avec nous, vierge chrétienne !
Chaque maison sera la tienne,
Nous t'aimerons comme une sœur :
En te voyant parmi nos anges

Nos petits enfants dans leurs langes
Te souriront avec douceur.

Tu ne veux pas... Conques t'appelle...
Tu reviens à tes vieux amis ;
L'église romane est si belle !
Ils t'aiment tant !... Soyons soumis !
Poursuis ta marche triomphale,
Car déjà Combret et Nauviale
S'avancent pour te recevoir :
Gais vignerons, sur vos épaules
Portez-la jusqu'au pont des Saules,
Sous le vieux chêne au manteau noir !

L'ombre s'allonge dans la plaine,
De l'horizon — royal passant —
Le soleil s'éloigne avec peine...
Voici la lune au front d'argent.
Sur les ruines de Beaucaire
Brille l'étoile solitaire
Comme un phare du vieux castel,
Et sur la châsse rayonnante

Semble veiller, céleste amante,
Comme une lampe sur l'autel.

Fière comme une citadelle
Sur ton rocher d'azur bleui,
O Conques, tu seras bien belle
Demain, sous le ciel ébloui :
Brillant cortège de ta sainte,
Huit évêques dans ton enceinte
Conduiront dix mille chrétiens.
Prépare tes feux de Bengale,
Et l'on dira que rien n'égale
Des triomphes comme les tiens !

Mais toi, dans ces profondes routes
De Combret à Saint-Cyprien,
Dans ce silence et sous ces voûtes
Du ciel immense au front serein,
O Foy, cette nuit radieuse,
Cette lune mystérieuse
Qui se penche sur ton chemin,
Ces grands chênes aux longues branches,

Ces coteaux verts aux cimes blanches,
Tu ne les auras point demain !

Chantez gaîment, troupes joyeuses,
Vos chants résonnent dans la nuit
Comme les voix harmonieuses
Des vierges que l'Agneau conduit :
O martyre pleine de grâce,
Ces chœurs qu'on entend dans l'espace
Ne se tairont plus désormais :
Ce sont les anges d'Aquitaine,
Qui répondent, troupe lointaine,
A nos refrains aveyronnais.

A LOULOU

SUR LA MORT DE LULU

Ce petit oiseau blond comme un rayon d'aurore
S'éveillait un matin dans le duvet soyeux
Au milieu d'un verger que le printemps décore,
Et quoique son gosier ne chantât point encore,
Il rêvait de musique et de refrains joyeux,

Quand une main d'enfant cruelle autant que blanche,
Une main sans pitié de quelque ange lutin
Ravit ce nid d'amour qui dormait sur la branche,
Et les noirs fils de fer entre une double planche
Remplacèrent la mousse et les fleurs du jardin.

L'amitié vous livra ce fragile héritage,
Loulou, le canari chez vous fut apporté.
Asile provisoire en attendant la cage,
La boîte de carton devint un ermitage
Où le pauvre captif pleurait sa liberté.

Oh ! parbleu, je sais bien que l'on pourrait me dire
— Car personne n'en doute et je n'y contredis —
Qu'être esclave en vos mains peut être un doux martyre,
Puisque même Raton conquis à votre empire
De sa prison chez vous s'est fait un paradis.

Mais, ô Loulou, songez qu'en une boîte obscure
Ce pauvre blond Lulu que vous regrettez tant
N'entendait que de loin votre voix fraîche et pure...
Et quand vous visitiez la geôle étroite et dure,
Vos beaux yeux n'éclairaient ce trou noir qu'un instant.

Ah ! quel aveuglement endormait vos alarmes !
Pensiez-vous donc qu'il pût se passer de vous voir,
Quand une fois il eut joui de tous vos charmes ?
Certes, vous devriez pleurer toutes vos larmes
Et devant ce carton mourir de désespoir...

Car Raminagrobis hypocrite et perfide
Aura pris votre voix, Loulou, n'en doutez pas,
Pour attirer Lulu sous sa griffe homicide,
Et le pauvret de vous revoir toujours avide
A cru voler à vous en volant au trépas !

Pourquoi l'enfermiez-vous ? Vous n'aviez point à craindre
Que de prendre son vol il eût jamais dessein ;
Ce n'est que loin de vous qu'on l'eût ouï se plaindre,
Cruel... que le remords n'a pu même contraindre
A venger la victime en tuant l'assassin !

BLAISE SÉGAZANS

NOUVELLE

A mon ami Charles DE POMAIROLS.

ENTRE Najac et Villefranche
  Vivait seul au mas de Font-Blanche
Un garçon de trente-six ans
Appelé Blaise Ségazans.
Il tenait de son défunt père
Bravoure, esprit, fier caractère,
Belle taille et fleur de santé ;
Mais il était surtout vanté
Pour sa fortune non petite,

Car maints experts en vrai mérite,

A la campagne comme ailleurs,

Jugent qu'il n'est titres meilleurs

A leur estime que les rentes ;

Or, un père, un oncle et deux tantes,

De Blaise leur seul héritier

Avaient fait un riche rentier.

Pour compléter le personnage,

Je vous dirai qu'en son jeune âge

Il fit ses classes de latin.

Son père — un parfait calotin,

Disaient le régent et le maire —

Le destinait au séminaire ;

Mais le maire et l'instituteur

Se trompaient sur le vrai moteur

De la paternelle conduite :

Il fut établi par la suite

Que ce veuf assez vert encor

Méditait un nouvel accord

Devant la mairie et l'Église

Avec Jacqueline Préguize,

Et la belle à son soupirant

Par maint et maint considérant

Démontrait que le Ciel propice
Réclamait Blaise à son service
Dans les rangs des lévites saints.

Dieu n'approuva pas les desseins
De la donzelle trop mystique.
A la fin de sa rhétorique
Blaise déclara fièrement
Qu'il préférait le régiment
A l'honneur de porter soutane,
Car Dieu lui-même par l'organe
D'un confesseur très éclairé
S'était en ce sens déclaré.

Aussitôt le père s'incline ;
Mais la finaude Jacqueline,
Dont Blaise trompait le calcul,
Fait d'abord un pas de recul,
Puis deux, et puis de biais en ruse
A l'hymen promis se refuse,
Ce qui rend le père à son fils.
On était en soixante-dix ;
Il fallut courir aux frontières.
Blaise eut les qualités guerrières
D'un vrai Français, il se battit

Comme un brave et ne se rendit
En Prusse — vendu par Bazaine —
Qu'en pleurant de rage et de haine.
Et là, plus fort que le destin,
Ne songeant du soir au matin,
Ainsi que l'honneur le commande,
Qu'à tromper la garde allemande,
Blaise, par une sombre nuit,
Franchit les postes et s'enfuit...
Un paysan, près de Mulhouse,
Lui vendit son chapeau, sa blouse
Et sa culotte. — Il fallait bien,
Blaise aurait pris le tout pour rien :
Le paysan fut donc pratique. —
Notre héros de race antique,
Après longs jours et beaux exploits,
Se trouvait sous les murs de Blois
Et se couvrait encor de gloire
Avec nos soldats de la Loire.
Au premier rang, comme toujours,
Il se battait depuis trois jours,
Lorsqu'une balle scélérate
Qui faillit lui trouer la rate

L'étendit, face à l'ennemi.

Il ne fut tué qu'à demi.

La blessure quasi mortelle

Ne fut pour lui que bagatelle.

Après le dénouement fatal,

Blaise revint au lieu natal

Sans aucun motif de réforme,

Fier de porter sur l'uniforme

D'un solide sergent-major

Le ruban et l'étoile d'or.

Comme il restait l'unique branche

De l'arbre antique de Font-Blanche,

— Son père étant mort d'accident —

On pense avec quel art prudent

Il fut tenté de mariage

Par les beautés du voisinage.

Aux candidates à l'hymen

S'il eut daigné tendre la main

Avec la phrase convenue,

Mainte manette y fût venue.

Mais notre Blaise sur ce point

Était d'avis qu'il ne faut point

Courir la chance en train rapide.

Ce soldat au cœur intrépide,

Ce Français qui pas un moment

Ne trembla devant l'Allemand,

Au seul penser de prendre femme

Éprouvait au fond de son âme

De vagues frissons de terreur.

Combien grande fut son erreur

De se croire ennemi des belles !

Tous ses instincts n'étaient rebelles

Au redoutable engagement

Du contrat et du sacrement

Que faute d'avoir trouvé celle

Qui prend le cœur et l'ensorcelle.

Or, le bon Blaise Ségazans

Dansait dans ses trente-six ans,

Quand il fut cavalier de noce

De Mademoiselle de Loce,

Procule de son petit nom.

Rencontre fâcheuse ?... Oui et non.

Honnête homme un peu ridicule,

Le noble père de Procule

Avait fait, en bonne saison,

Un mariage de raison

Avec une jeune héritière

Aussi riche que roturière,

Et Véronique Trinquepoux

Avait agréé cet époux

Pour changer son nom de vilaine

Contre celui de châtelaine

De Loce-et-d'Act. — De cet hymen

Naquit le plus beau spécimen

De la race des tentatrices.

Procule aurait fait maints caprices

Au pays des princes rêveurs.

Mais la grâce a peu de saveurs

Aux lieux où Procule était née,

A moins que d'être assaisonnée

De beaux écus bien trébuchants ;

Or, à la ville comme aux champs,

On savait qu'au château de Loce

On vendait chevaux et carrosse,

Que Véronique, un jour fatal,

Ayant livré son fonds dotal,

Il ne restait guère à Procule

Que la dot de la particule,

Pour un garçon petit avoir,

Pour une fille... allez donc voir,
Foin du blason si l'or n'y brille !
Fille sans dot doit rester fille,
A moins d'épouser un manant,
Quelque gorille à l'avenant,
Ou d'enjôler — rare fortune —
Un galant tombé de la lune.
Adonc, Procule tristement
Languissait du prince charmant
Lorsqu'une fée, à Villefranche,
Lui livra Blaise de Font-Blanche
En un bal de noce ; et ce fut
Pour cette guetteuse à l'affût
Le moment des grandes manœuvres ;
Or, le diable en toutes ses œuvres
N'a rien fait de plus engageant
Que cette brune à court d'argent.
Blaise fut pris... C'était son heure...
Les ans s'en vont, le cœur demeure ;
Hélas ! notre sergent-major
Sentit le sien battre si fort
Qu'il en perdit toute prudence :
Dans le tourbillon de la danse

Fut échangé le doux serment
De s'unir par le sacrement.

Mais sans tarder le pauvre Blaise
Dut éprouver quelque malaise
D'un tel accord si tôt conclu,
Car, je pense, il est superflu
De vous dire si la chronique
Drapa de Loce, Véronique
Et Procule en style galant.
On exposa tout le bilan,
Dettes actives et passives,
Et par paroles ou missives
Tout le procès fut vite instruit ;
Le moindre fait, le moindre bruit
Furent de noce et l'on suppose
Qu'il ne manqua rien à la glose.
Riche à souhait, fort amoureux,
Blaise avait d'un cœur généreux
Promis mariage à sa brune
Sans nul souci de sa fortune ;
Mais le pauvret ne savait pas
Que tant de grâce et tant d'appas
Enveloppaient un caractère

A toute règle réfractaire.

Cet ange était un vrai démon.

Nature ingrate ?.. mon Dieu, non.

Fille sans mœurs ?... pas davantage !

Procule avait même en partage

L'horreur instinctive du mal.

Un régime ferme et normal

En eut fait, à l'heure propice,

Une beauté sans artifice,

Digne de plaire et de charmer.

Mais ses parents pour trop l'aimer,

— Ses grands yeux noirs les enivrèrent —

A leur fille unique livrèrent,

Ravis dans leur aveuglement,

Le souverain gouvernement.

Une candide institutrice

Auprès d'elle remplit l'office

D'un mannequin toujours soumis,

Et ne se fût jamais permis

Dans ses leçons le moindre signe

D'impatience, ayant consigne

D'enseigner de telle façon.

L'enfant gouverna la maison ;

Elle fut reine despotique.

Sa mère était sa domestique,

Elle l'avait toujours été.

Son père avait un peu lutté

Avant de lui rendre les armes ;

Mais la Sirène par ses charmes,

A force de cris et de pleurs

Ou de baisers ensorceleurs,

— Caresses d'ange et cris de diable —

Sous son empire impitoyable

Réduisit l'auteur de ses jours.

Elle grandit dans les atours,

Mena le train d'une princesse,

Le luxe n'eut repos ni cesse,

Les dettes allèrent montant,

Si bien que du flot débordant

Surgit un jour, comme on devine,

Le spectre noir de la ruine ;

Tout allait fondre en rien de temps.

Or l'héritière avait trente ans.

On voit si Blaise et sa fortune

Arrivaient à l'heure opportune.

Malgré cabales et combats,

Le héros ne recula pas.

Un soldat n'a qu'une parole.

Il croyait, certes, que son rôle

N'allait pas être apparemment

Tissu de joie et d'agrément

Auprès de la belle prodigue,

Car les bons yeux de ce Rodrigue

De sa Chimène avaient enfin

Pénétré le fort et le fin.

De ce cerveau fol et fantasque

Il prévoyait mainte bourrasque.

Mais il aimait avec transport.

Il serait calme, il serait fort,

Il serait dur, s'il fallait l'être.

Procule enfin aurait un maître,

L'aimant de cœur et de raison,

Maintenant son diapason

Sans violence et sans faiblesse,

Malgré les cris de la diablesse,

Sa rage et son emportement.

Si ce robuste traitement,

Réparant un mauvais dressage,

Rendait un jour la folle sage,

Son bonheur serait sans égal !

Ce beau programme conjugal

Fut suivi de fil en aiguille.

Après la noce de famille

Et le voyage convenu,

Voilà le couple revenu.

On voulut, au château de Loce,

Racheter chevaux et carrosse,

Mais le gendre avait résolu

De retrancher le superflu

A la maison seigneuriale.

Après la pompe nuptiale

Blaise devint très positif.

— Peut-on connaître le motif

Qui vous retient de nous complaire ?

Demanda Procule en colère ;

Vous êtes donc à court d'argent ?

— Quittez ce ton désobligeant

Si vous voulez qu'on vous réponde,

Dit le mari d'une voix ronde ;

Tant d'arrogance me déplaît. —

Du coup Procule est au complet :

Elle se cambre, elle provoque,

Crie, insulte, souffle, suffoque,

Se renverse, éclate en sanglots,

Puis les larmes coulent à flots,

Puis vient la crise obligatoire.

Tous ces morceaux du répertoire

N'eurent sur Blaise aucun effet.

Pendant que sa femme étouffait

Et que de Loce et Véronique,

Éperdus de terreur panique,

A leur tendre et doux rejeton

Pour l'ingrat demandaient pardon,

Lui, calme et froid comme une planche,

Reprit le chemin de Font-Blanche.

Procule, le surlendemain,

Ouvrit d'une tremblante main

Cette expressive et courte lettre :

— « Vous m'aviez mal compris peut-être,

Entendons-nous bien désormais :

Je vous aime plus que jamais ;

Mais, ma chère, il faut vous soumettre

Et m'agréer pour votre maître

Ou ne plus me voir. Choisissez. »

Mes lecteurs devinent assez

Que cette fière contenance
Se soutenait par la finance.

La débâcle, on l'a vu tantôt,
Était aux portes du château,
Quand Blaise féru de la brune
Releva tout par sa fortune.

Mais, soucieux de l'avenir,
Il eut soin de se prémunir
Contre les rechutes fatales :
En payant les dettes totales.

Il établit son droit foncier
D'hypothécaire créancier,
Réclama titres et quittances,
Château, domaine et dépendances,
Tout fut à lui de par la loi.

Ces mesures d'un bon aloi,
L'ayant armé de toutes pièces,
On s'explique les hardiesses
Du plan qu'il avait combiné
Pour dompter l'orgueil obstiné
De sa belle et folle compagne.

Blaise mena cette campagne
En stratégiste consommé.

Sa lettre vint à point nommé :

— Décidément, se dit Procule,

Je suis naïve et ridicule

De vouloir régner par la peur. —

Après une heure de stupeur,

De dépit, de haine et de rage,

Elle eut la force et le courage

D'écrire le poulet suivant :

— « S'il est vrai qu'après comme avant

La scène à jamais regrettable,

Vous m'aimez d'amour véritable,

J'implore avec plein abandon

A vos genoux grâce et pardon.

Vivre sans vous m'est impossible. »

Blaise ne fut pas insensible ;

Il revint joyeux et content.

Sans se dissimuler pourtant

Le vrai motif de la missive.

Et jamais étreinte plus vive,

Jamais embrassements plus doux

Ne furent entre deux époux

Échangés sous les cieux propices.

Pleine de charme et de délices,

Idole d'un époux aimant,

Quand elle voulait seulement

Se donner le soin de lui plaire,

L'épouse, alors, fut exemplaire.

Le mari, toujours méfiant,

Moitié songeur, moitié riant,

Disait tout bas : Quel doux ménage !

Sur les flots bleus ma barque nage

Parmi la bande des amours..!

Ce paradis dura huit jours.

Dans une extase de tendresses,

D'ardents soupirs et de caresses,

La dame dit à Ségazans :

— Deux petits poneys alezans,

Pareils à ceux de la marquise,

Ou blancs ou noirs, à votre guise,

Avec voiture à l'avenant,

Rendraient mon cœur si rayonnant,

Mon allégresse si parfaite

Que j'ose attendre pour ma fête

Ce beau présent digne de vous.

— Ma chère, répondit l'époux

Qui guettait là sa tentatrice,

Votre désir est un caprice

Et ne sera point satisfait, —

Et tranquille attendit l'effet,

De la douche froide... — Procule

D'un à-coup brusque se recule

Comme à l'aspect d'un noir serpent,

Prononce un mot que l'ombre entend,

S'en va furieuse et s'enferme.

Le dîner sonne. Elle tient ferme ;

La recluse ne descend pas.

Blaise fait honneur au repas

Qu'il trouve même un peu sommaire,

Tandis que le père et la mère

S'épuisent en soins superflus.

Ces braves cœurs n'en peuvent plus,

Et leur insistance inquiète

Laisse Procule aussi muette

Qu'un créneau de la vieille tour.

L'époux aussi monte à son tour.

Point de réponse quand il frappe :

— Cette chambre est donc une trappe ?

Dit-il en entrant sans façon. —

Puis il adresse en bon garçon
Quelques mots tendres à sa femme,
Voit dans ses yeux briller la flamme
De la colère et du dépit,
Mais c'est en vain qu'il attendit
Une parole de sa bouche ;
Elle resta morne et farouche
Comme l'abîme. Le galant
Eut une idée en s'en allant
Qu'à deviner je donne en mille.
Il court à la ferme : — Camille,
Cria-t-il d'un ton effaré,
Va dire à Monsieur le curé
Qu'il vienne en toute diligence ! —
Ahuri d'une telle urgence
Et fort perplexe sur le cas,
Le bon pasteur ne jugea pas,
D'après l'avis du domestique,
Qu'il dut porter le viatique,
Mais il prit par précaution
L'huile de l'Extrême-Onction.
Je dois vous dire que ce prêtre
Se fait encore gloire d'être

L'intime ami de Ségazans :
Unis dès leurs plus jeunes ans,
Ils se sont suivis dans leurs classes
Et n'ont jamais perdu les traces
L'un de l'autre. L'abbé Célié
Est un esprit fort délié,
Large, avenant, plein de lumières.
Ses appréhensions premières
Pour le repos de son ami
— Car sa prudence avait frémi
De voir un jour cet homme sage
Tomber ainsi dans l'esclavage
De la brune du vieux manoir —
Se mélangeaient de quelque espoir
Devant la savante tactique
Que l'ex-sergent mit en pratique
Pour devenir heureux époux.
Tel est l'ami fidèle et doux
Qui courut à l'appel de Blaise.
Blaise l'attend...: — A Dieu ne plaise
Que le cas soit désespéré,
Lui dit-il, mais, mon cher curé,
Est-ce à plaisir qu'on se désole ?

Ma femme a perdu la parole !

Ah ! montez vite. — Il va devant

Et l'introduit en coup de vent

Dans la chambre de la recluse.

Les eaux qui rompent leur écluse,

Les torrents qui tombent des monts,

Le fracas d'un vol de démons

Dans la tempête et dans l'orage,

Ne sont rien au prix de la rage

De Procule en apercevant .

Son curé vers elle arrivant

Avec le surplis et l'étole.

Le pasteur confus de son rôle

Qu'il comprend enfin à demi,

S'apprête à dire à son ami :

— La plaisanterie est mauvaise. —

Mais il le voit sur une chaise

D'un tel·fou rire s'éclatant

Que lui-même en eût fait autant,

Si l'habit et le caractère

N'avaient mis un frein salutaire

A ce flot irrespectueux,

Dont le courant impétueux

Gagnait Véronique et de Loce.

Soudain Procule, plus féroce

Qu'un acteur qu'on vient de siffler,

Bondit, fumante, et veut gifler,

Égratigner, pincer et mordre

Son mari riant à se tordre,

Qui la maintient bénignement

Et ne s'offense aucunement

De cet excès de violence.

Après le calme et le silence

Qui succède aux gros ouragans,

On désarma dans les deux camps.

Ce ne fut qu'un court armistice.

N'avoir pu se faire justice

De ce rire fol et moqueur,

Procule en avait mal au cœur

Et ruminait une revanche,

Quand Blaise la prit à Font-Blanche

Pour les vendanges, estimant

Offrir un spectacle charmant

A cette noble châtelaine

Qui jamais par coteau ni plaine

Ne vit autour de son manoir

Cueillir le raisin blanc ou noir

Sur l'arbre court aux branches tortes.

Des vendangeurs de toutes sortes,

Hommes, femmes, filles, garçons,

Envoyaient leurs folles chansons

A Noé « patriarche digne

» Qui le premier planta la vigne » ;

Puis le soir, des pampres au front,

Filles et gars dansaient en rond

Autour de la cuve fumante.

Procule que son mal tourmente

Trouve vendange et vendangeurs

Sot travail et sots tapageurs :

— Cela vous amuse peut-être,

Dit-elle à Blaise, mais, cher maître,

Puisque maître il faut vous nommer,

Comptez-vous longtemps m'assommer

Avec vos gens de bas étage ? —

Elle en aurait dit davantage,

Mais Blaise, un journal à la main,

Lut tout haut : — C'est après-demain

Que Coquelin joue à Toulouse. —

Blaise ajouta : — Ma chère épouse,

J'irai voir jouer Coquelin. —

Procule avec un ton câlin :

— Vous me prendrez ? — Dieu m'en préserve !

— Pourquoi, monsieur ? — Je me réserve

Ce petit secret pour moi seul. —

Pâle soudain comme un linceul :

— Eh ! bien, j'irai sans vous, dit-elle.

— Une chétive bagatelle

Pourrait gêner ce beau projet ;

Je ne sais si votre budget

Va bien ; celui de votre père

Tout récemment criait misère,

Et je fis, ma foi, sagement

De refuser soulagement,

Sachant trop bien, ma toute belle,

Qu'en tombant dans son escarcelle

C'est à vous que va mon argent.

Or j'ai mis un soin diligent,

Vous ne l'ignorez plus, je pense,

A supprimer toute dépense

Qu'on voudrait faire à mon insu,

Et quelqu'un serait mal reçu

Qui viendrait sans ma signature

Me présenter votre écriture

Ou celle de vos chers parents :

De vos faits vous êtes garants ;

Chacun le sait dans la contrée ;

Vous n'auriez donc aucune entrée

Dans nulle maison de crédit.

Voyagez, ma belle ! J'ai dit. —

A cet argument qui l'accule

Que répondra dame Procule ?

Voici ce qu'on m'a raconté :

Tous les moyens ayant raté

Qui sur de Loce et Véronique

Avaient mis son joug tyrannique,

La belle adopte un nouveau plan :

— Je vois, dit-elle en persiflant,

Qu'on ne fait pas mentir sa race

Et qu'un Ségazans, quoi qu'il fasse,

Ne peut avoir, en fait d'honneur,

Les sentiments d'un grand seigneur.

Il est entre nous un abîme ;

Ni mon amour ni mon estime

Ne peuvent plus appartenir

A qui prétend me retenir

Comme une fille de servage

Dans les chaînes de l'esclavage.

Vous êtes fort de votre argent ;

Mais vos grands airs de vieux sergent

N'enlèvent rien à la roture :

Vous êtes dans votre nature

De subalterne et de bourgeois.

Trop tard, hélas ! je m'aperçois

Qu'un vilain peut être féroce.

Qu'une demoiselle de Loce

Soit la servante d'un manant,

C'est un fait acquis maintenant.

Au sort fatal je me résigne.

Malgré votre conduite indigne

Je serai femme de devoir ;

Mais pour mon cœur... Venez-y voir !

De le forcer je vous défie.

Je serai la chose sans vie,

Et vous le brutal possesseur :

Connaissiez-vous, profond penseur,

Ce cas possible en mariage ?

Triomphez-en, c'est votre ouvrage ;

Vous aurez fait, habile époux,

Un ménage digne de vous ;
L'épouse sous votre maîtrise
Vous dira comme elle est comprise
Et comme vous êtes compris,
Par son silence et son mépris.
J'ai dit. — Vous êtes éloquente,
Fit Ségazans d'une voix lente ;
Quels ragoûts vous m'assaisonnez !
Vous avez brûlé sous mon nez
Tout l'encens de vos cassolettes...
Pour être insolente, vous l'êtes,
Même à l'excès, à mon avis ;
Tous vos instincts mal assouvis
Se donnent trop libre carrière.
Je vous fais donc l'humble prière
De rétracter incontinent
Tout ce discours impertinent
Ou de sortir de ma demeure. —
La Furie oublia sur l'heure
Le serment de ne plus parler,
Et se levant pour s'en aller,
Laissa tout son fiel se répandre :
— Fripon, vaurien, canaille à pendre,

Tyran, bourreau, triple assassin !

Puisque vous avez le dessein

D'exterminer par la famine

Trois nobles cœurs que votre mine

Et vos discours d'ensorceleur

Avaient séduits pour leur malheur,

Ayez donc au moins le courage

D'assouvir sur eux votre rage

Par un moyen vulgaire et prompt :

Logez-nous une balle au front,

Prenez le poignard ou la hache,

Et frappez... Mais vous êtes lâche ;

Le poignard ou le revolver

Vous mettrait trop à découvert,

Et vos moyens sont plus infâmes :

Réduire un vieillard et deux femmes

A mourir de honte et de faim,

C'est le calcul d'un aigrefin

De votre ignoble et vile espèce. —

Calme comme une forteresse,

Blaise attendait patiemment

La fin de ce débordement

Mais la fille de Véronique

Enflait toujours sa rhétorique
D'un tel flot de mots scélérats,
Qu'il la saisit par les deux bras
Pour la conduire au véhicule.
— Voici, monsieur, siffla Procule,
Le trait final de mes adieux !
Et le fixant dans les deux yeux,
Elle lui crache en plein visage.
— Merci, mon cœur ! mais c'est l'usage
Qu'un mari paye à sa moitié
Pareilles marques d'amitié. —
Et d'une main solide et sûre
Il lui distribue en mesure,
Dans les grands prix les plus complets,
Quatre douzaines de soufflets.
Or, voici le fait incroyable :
(Même s'il n'est pas vraisemblable,
Le vrai, n'en déplaise à Boileau,
Doit trouver place en ce tableau
De la vie intime et réelle.)
Pendant que fumait la querelle,
Pendant que les gifles pleuvaient,
De Loce et sa femme arrivaient,

Impatients de voir leur fille.

On leur dit que Blaise l'étrille...

Ils courent, criant au secours...

Chacun veut faire un long discours

Pour flétrir l'horrible démence

Du gendre... De Loce commence,

Cite du latin et du grec ;

Véronique commence avec,

Et tous les deux parlent ensemble,

Quand soudain Procule : — Il me semble,

Dit-elle aux auteurs de ses jours,

Qu'en tout ceci votre concours

Est inutile autant qu'injuste :

Mon mari, d'une main robuste,

M'a giflée un peu rudement ;

Mais c'était le seul argument

Que votre fille put entendre ;

Si ce langage n'est pas tendre,

Il est logique, j'en conviens.

Il fallait par de tels moyens,

Employés aux heures propices,

Corriger mes premiers caprices...

Enfin... mieux vaut tard que jamais...

Mon cher Blaise, je vous aimais
Malgré ma folle extravagance :
Tout à l'heure votre éloquence
M'a prouvé que j'avais en vous
Un guide sûr, un maître époux,
Ferme et robuste comme un chêne.
Je baise et je bénis la chaîne
Qui m'a liée à votre sort ;
Vous êtes beau, vous êtes fort,
Vous êtes grand et je vous aime. —
Blaise se disait en lui-même :
— Est-ce un rêve ou suis-je éveillé ? —
Mais son cœur tout ensoleillé
Ne gardait plus l'ombre d'un doute ;
Cette parole qu'il écoute
Avec tant de ravissement
Vient d'éclairer son firmament
Des feux de l'étoile nouvelle ;
C'est une âme qui se révèle
Sous la nuée et le brouillard,
Dissipés au souffle gaillard
De l'énergie et du courage.
— Je triomphe de mon ouvrage,

O Procule, vous l'avez dit
Dans un moment de fou dépit
Qui se trouve une prophétie ;
Oh ! comme je vous remercie !
Comme nous allons être heureux ! —
Et d'un élan plus vigoureux
Que celui qui vint de l'offense,
Il prend sa femme qui s'élance
A son tour au cou du vainqueur,
Et vous la presse sur son cœur
A rendre la mère jalouse.
Tous les quatre iront à Toulouse :
Le ciel est pur, le cœur est plein...
Vive Toulouse et Coquelin !
La paix fut durable et parfaite.
Procule reçut pour sa fête
Un coupé des plus élégants,
Attelé de deux poneys blancs
Rapides comme deux gazelles...

. . . .

Chantez aux bois, brises nouvelles !

ÉPILOGUE

Après deux lustres plus deux ans,
Deux petits garçons ravissants,
Tenant les mains d'une brunette
Qu'ils appelaient leur sœur Annette,
— Trois chérubins, trois vrais amours —
M'accostèrent un de ces jours,
Sur le chemin de Villefranche,
Au fond du pré grand de Font-Blanche.
Annette me dit : — C'est ce soir
Que papa doit me faire voir
Des petites filles bien sages
Qui s'amusent dans des images
Du missel doré de maman...
— Pourvu, fit Pierre gravement,
Que tu dises bien la prière ! —
Blaise intervint d'une voix fière
(Blaise est l'aîné de la maison) :

— Quand nous avons su la leçon,
Nous attelons Brise et Zéphire,
Et papa me laisse conduire...
— Oh ! tu ne conduis qu'en montant :
Même papa n'est pas content
Que tu fouettes Zéphire et Brise. —
On caquette, on jase, on devise...
J'apprends par mes jeunes amis
Que grand'maman Nique a promis,
Ainsi que grand papa de Loce,
Qu'on viendrait les prendre en carrosse
Pour la pêche du grand étang...
— J'ai, dit Annette, un agneau blanc
Qui porte une cravate bleue ;
Il parle, en lui tirant la queue,
Et court tout seul, en le poussant ;
Et ma poupée, en la pressant,
Chante des airs comme à l'église ;
Mais ma petite sœur Élise,
Quand j'ai voulu la lui prêter,
N'a pas pu la faire chanter
Et lui coupa le nez par terre...
— C'est comme Paul, observa Pierre,

Qui m'a coupé mon chien Bertrand ;
Mais maintenant je suis trop grand,
Et je le laisse au petit frère
Ainsi que l'âne qui sait braire... —
Blaise approuva : — Ce qu'il nous faut,
C'est des chevaux qui vont au trot,
Pour apprendre à nous aller battre
Avec la Prusse, tous les quatre,
Moi, Pierre, Paul et puis Damien
Qui n'a qu'un mois, mais pousse bien ;
C'est mon filleul ; il me ressemble ;
Quand nous ferons la guerre ensemble,
Si je l'ai dans mon régiment,
Je veux qu'il soit mon lieutenant.
— Quand je serai grande et jolie,
Conclut Annette recueillie,
Je veux avoir un grand chapeau
Comme les dames du tableau
Avec des fleurs et du plumage.
Puis, la Sainte Anne de l'image
Et la Sainte Vierge dessus
Qui porte le petit Jésus,
Nous irons toutes à l'église ;

Et puis je veux avec Élise
Et maman qui nous chantera
Nous marier avec papa !

VIN DE BORDEAUX

Sonnet et Chanson

FICTION POÉTIQUE — COURONNÉE (1)

A Messieurs les membres du Jury.

ENVOI

Un lévite pâli comme un disque lunaire, —
Par quatre médecins, docteurs très importants
Qui l'attendent au champ des morts depuis longtemps —
Fut ausculté, jugé, déclaré poitrinaire ;

---

(1) Le programme du concours poétique pour l'éloge des vins
de Bordeaux imposait une chanson de table avec musique et un
sonnet d'envoi. Les prix, naturellement, étaient le corps même du
sujet, c'est-à-dire des vins des meilleurs crus.

Il s'en irait au Ciel finir son séminaire
Et n'effeuillerait pas les roses du printemps. —
Or le pauvre malade avait alors vingt ans
Et vous offre aujourd'hui ces vers d'octogénaire.

C'est le vin de Bordeaux qui m'a ressuscité :
Vous qui portez sa gloire à la postérité,
Ajoutez ce prodige à tant d'autres merveilles.

Pour moi qui dois la vie à ce nectar divin,
Peut-être il vous plaira, Messieurs, qu'avant ma fin
J'en puisse déguster encor quelques bouteilles.

*
* *

CHANSON

J'ÉTAIS un abbé lamentable,
  Chacun plaignait mon triste sort,
Hippocrate me croyait mort...
Et je fais des chansons de table.

Refrain

Car il n'est sur la boule ronde
Rien de meilleur que le bon vin,
Mais il n'est rien d'aussi divin
Que le bon vin de la Gironde.

Mon oncle de Château-Lafitte
— Dieu le lui rende largement ! —
Me traita mieux par testament
Qu'Hippocrate et toute sa suite,
  Car il n'est sur la boule ronde, etc.

Il me légua devant notaire

Quinze tonneaux du meilleur cru,

Et ce beau legs, chacun l'a cru,

Fut le salut du légataire,

    Car il n'est sur la boule ronde, etc.

Et grâce à lui je chante encore

Ces vers de mes quatre-vingts ans,

Moi qui devais de mon printemps

Ne pas voir les roses éclore,

    Car il n'est sur la boule ronde, etc.

Je fus nommé par mon évêque

A la cure de Montarvy

Où mon Bordeaux m'a mieux servi

Que les langues latine et grecque,

    Car il n'est sur la boule ronde, etc.

Les intraitables du village

M'ont suivi comme des moutons,

Il fut parlé dans nos cantons

De la vertu de mon breuvage,

    Car il n'est sur la boule ronde, etc.

Le Maire et le Maître d'école
M'applaudissaient à tout propos,
Les conseillers municipaux
M'auraient voté le Capitole,
    Car il n'est sur la boule ronde, etc.

Oncques ne vis en ma fabrique
Contradicteur à mes projets,
Tous les chapitres des budgets
Se votaient comme en République,
    Car il n'est sur la boule ronde, etc.

Grâce au nectar qui désaltère
Et rend la sève du printemps,
J'ai vu régner pendant vingt ans
La gaîté dans mon presbytère,
    Car il n'est sur la boule ronde, etc.

On m'envoya du séminaire
Un vicaire à moitié fourbu :
Deux mois après qu'il en eut bu,
Il courait comme un dromadaire,
    Car il n'est sur la boule ronde, etc.

Ma vieille servante Monique,
Austère comme un moine à jeun,
Rien qu'en aspirant ce parfum
Prenait un sourire angélique,
    Car il n'est sur la boule ronde, etc.

Si mon vieux chantre, homme irritable,
Se disait aphone parfois,
Je lui rendis toujours la voix
Par la recette véritable,
    Car il n'est sur la boule ronde, etc.

Combien de fois ma solitude
A vu sur le déclin du jour,
Tous mes confrères d'alentour
Rayonnants de béatitude !
    Car il n'est sur la boule ronde, etc.

Le temps a fui, l'heure s'avance,
Raison de plus pour que souvent
Je me retrempe comme avant
Dans ma fontaine de Jouvence,
    Car il n'est sur la boule ronde, etc.

Pour que la mort me soit bénigne,
Je fais risette à mon destin
En bénissant soir et matin
Le Dieu qui fait pousser la vigne,

Car il n'est sur la boule ronde
Rien de meilleur que le bon vin,
Mais il n'est rien d'aussi divin
Que le bon vin de la Gironde.

TESTAMENT
D'AMBROISE BAPTIFOL

Aᴍʙʀᴏɪsᴇ Baptifol, archi-millionnaire,
Fit avant de mourir appeler son notaire
    Et lui dicta son testament :
— A ma femme, dit-il, je laisse librement
Cinquante mille francs en rente viagère,
S'il lui plaît — car, hélas ! femme peut varier —
    De ne pas se remarier.
    — Et dans le cas contraire ?
    Interrogea l'homme de loi.
    — Dans le cas contraire, ma foi,
Vous vous doutez un peu que c'est une autre affaire :

Mettez cent mille francs. — Le notaire ahuri

Resta coi. — Le surplus pour le futur mari,

Poursuivit le mourant ; car à tout misérable

On doit se montrer obligeant,

Compatissant et secourable,

Et croyez que le pauvre diable

N'aura pas volé son argent !

LE GAVROCHE ET L'AGENT

LE GAVROCHE

Pardon, Monsieur l'Agent, faites excuse :
  Depuis une heure je m'amuse
A lorgner deux femmes là-bas,
Qui se cognent à tour de bras,
Et, ma foi, l'affaire se cuivre...

L'AGENT

Dis-donc, toi ! tâche de poursuivre
Par le plus court...

LE GAVROCHE

Oui, citoyen.

Mais... ces deux femmes... je crois bien
Que l'une d'elles c'est la vôtre.

L'AGENT, *en joignant les mains :*

Hélas ! Que Dieu protège... l'autre !

SOLUTION D'UN PROBLÈME

Un vigneron un peu savant
   Des environs de Villefranche
    Profitait d'un soir de dimanche
    Pour inculquer à son enfant
    Une leçon d'arithmétique,
    Et, voulant faire un cas pratique :
— Suppose, lui dit-il, qu'à la foire, demain,
    L'oncle Baptiste et l'oncle Pierre,
    Partant du pont de la Bruyère,
    Iront à Rieupeyroux par le même chemin.
Le temps qu'il faut à l'un pour faire un kilomètre
D'en faire un quart de plus à l'autre doit permettre ;

Mais le second — celui qui doit gagner d'un quart —

Aura sur le premier, pour l'heure du départ,

Vingt minutes et huit secondes de retard.

Et maintenant, voici : Le problème consiste

    A me prouver et démontrer

A quel endroit précis doivent se rencontrer

    L'oncle Pierre et l'oncle Baptiste

— Oh ! répondit l'enfant, pas besoin de chiffrer :

Ils se rencontreront chez Marty l'aubergiste.

UNE VISITE DU DOCTEUR

LE DOCTEUR

C'EST la *cacotrophia* que nous devons avoir.

PALPANDE

Quoi ?... la *caco*...

LE DOCTEUR

...*Trophia.* — Vous dormez ?

PALPANDE

Comme un loir,

Toute la nuit.

LE DOCTEUR

Et puis ?

PALPANDE

Et puis... je me réveille.

LE DOCTEUR

Vous mangez ?

PALPANDE

Je mange à merveille.

LE DOCTEUR

Vous digérez ?

PALPANDE

Parfaitement.

LE DOCTEUR

Et... pour le reste ?

PALPANDE

A l'avenant.

LE DOCTEUR

... Ce pouls trop persistant dénote quelque chose...
Avec une petite dose
De ma poudre *morosita*
Et vingt pilules *carylat*
Nous obtiendrons, j'espère, un changement d'état.

GRÉGOIRE

ET LES MÉDECINS

ACCABLÉ d'ans et de peines,
Gisant dans un vieux fauteuil,
Grégoire était le recueil
Des infirmités humaines.
On dit qu'avant de mourir,
Dans un noir accès de bile,
Ce vieillard faible et débile
Se permit de discourir
De façon très peu civile
Sur les docteurs de sa ville.
Que le Ciel ait pardonné

Ce bon chrétien sans ressource
Qui s'en alla ruiné
De corps autant que de bourse !
Voici de l'infortuné
Le discours désordonné
Que je tiens de bonne source :

— « L'enfer, dans ses noirs desseins,
A produit les médecins ;
Et depuis : cacochymie,
Inappétence, anémie,
Hémorroïdes, anthrax,
Engorgements du thorax,
Diabète, dyspepsie,
Tétanos, épilepsie,
Gale, fringale, phlegmons,
Tubercules aux poumons,
Dartres, calculs, tympanites,
Néphrites, péritonites,
Teigne, éléphantiasis,
Microbes dans le coxis,
Hyperthrophie, exostose,
Nécrose, périostose,

Dartres, polypes, trumbus,

Peste et choléra-morbus

Secondent la médecine

Pour causer notre ruine.

Messieurs, ne trouvez-vous pas

Que nous courons au trépas

Avec assez de vitesse ?

Et faut-il que votre espèce

Poursuive nos tristes jours

Pour en abréger le cours !

Les carpes dans les rivières,

Les renards dans leurs tanières,

Les lions dans les déserts

Et les corbeaux dans les airs

N'ont point dans leur république

De docteurs... et l'on s'explique

Que ces heureux animaux

Soient exempts de tous nos maux.

Mais quoi ! tout ce qui respire

Est soumis à votre empire :

Je connais des médecins

Qui de leurs plombs assassins

Remplacent auprès des lièvres

Les catarrhes et les fièvres.

Je plains bien votre destin,

Pauvres bêtes, mais enfin

Vous avez au moins la chance

De mourir sans ordonnance ;

Plus heureux que les humains,

Quand vous tombez en leurs mains

Vous avez cessé d'entendre,

Et vous ne sauriez comprendre

Tout ce qu'ils nous font subir

Avant le dernier soupir.

Au mourant qui se désole,

Ils citent toute l'école

D'Hippocrate et Galien...

Ah ! je le connais trop bien

Ce jargon à mettre en fuite

Le diable et toute sa suite,

Qui nous dispose au départ

Selon les règles de l'art !

Puissè-je, funeste engeance,

Vous livrer à la vengeance

Du genre humain tout entier !

Maudit soit votre métier !

Jusqu'au trépas je veux dire
Qu'un docteur est un vampire
Qui suce l'or et le sang
Des malades de tout rang.
Hélas ! en vain je proteste :
Il faut subir cette peste
Comme le phylloxéra ;
Toujours il en restera ;
Le courroux de Dieu le Père
Les supporte sur la terre
Pour nous faire souvenir
Que ce monde doit finir. »

Ainsi, dans son humeur noire,
Raisonnait maître Grégoire.
Ce que j'en ai rapporté
En mes vers sans artifice
Prouve qu'un homme *emporté*
Ne sait pas rendre justice
A la docte Faculté.

PLACIDE ET SA FEMME

J<small>E</small> vous trouve jolie et belle
  Avec votre robe nouvelle ;
Seulement... diantre !... c'est bien cher !

Fi donc ! voulez-vous bien vous taire !
  On ne les donne pas, c'est clair ;
Cela coûte un peu cher !... qui vous dit le contraire ?
  Mais retirez ce mot désobligeant :
  Quand il s'agit de vous plaire,
  Croyez-vous que je vais regarder à l'argent ?

13

RENARD

JUMENT

ET MOINES

COMPLAINTE

Air connu

(FAITS ET DÉTAILS HISTORIQUES)

É COUTEZ, âmes sensibles,
   Le récit très surprenant
D'un tragique événement
Qui troubla les bords paisibles
De l'Aveyron et du Viaur,
Et de la Sereine encor.

*
* *

A Najac près des frontières
De notre département,
Habite un renard normand,
Son nom propre c'est Ratières,
Cascarille pour chacun
Est son nom le plus commun.

Or ce veuf faisant campagne
Dans le but de convoler,
Ne cessait de circuler
Pour trouver une compagne
Qui pût sans témérité
Lui laisser postérité.

Il voyageait en voiture
Chaque jour et lendemain,
Conduisant par tout chemin
Une tant vieille monture
Qu'à Najac les habitants
Lui donnaient près de trente ans.

L'haridelle était fort lasse
Et poussive au dernier point,
Quand deux moines par besoin
Allèrent prier en grâce
Cascarille le Normand
De leur prêter sa jument.

Et le vieux madré compère,
Flairant un coup à monter,
Sans un instant hésiter
A leur demande obtempère,
Ce qui causa les chagrins
Des trois pauvres pèlerins.

*
* *

Ne pensant qu'à leurs affaires,
Sans voir le *sicut erat*,
Partirent pour Montirat
Les deux moines débonnaires,
Attendus pour un dîner,
Comme on peut le présumer.

Leur sagesse monastique
Ne se formalisait pas
Que la bête à petits pas
Gravît le chemin rustique
Qui s'en va toujours montant,
Excepté quand il descend.

Comme ils dévalaient la côte,
Un passant mal rassuré
Leur dit d'un ton timoré :
— « Tenez-lui la tête haute,
Car, soit dit sans la fâcher,
Elle pourrait trébucher. »

Les deux moines n'eurent garde
De traiter légèrement
Ce grave avertissement,
Et jusqu'au pont de Lagarde
Avec un soin circonspect
Ils la tinrent en respect.

C'est alors qu'ils s'avisèrent
— Pour arriver à souhait —

Qu'il faudrait user du fouet,
Mais les bons pères n'osèrent,
Craignant en moines prudents
Qu'elle prît le mors aux dents.

Et voyant cette haridelle
Au pas lourd et chancelant,
Comme une tortue allant,
Au lieu de se plaindre d'elle,
Les moines contemplatifs
Blâmaient les chevaux trop vifs.

Loin de s'échauffer la bile,
Ils disaient joyeusement :
— « Voyez la bonne jument !
Comme elle est douce et tranquille ! »
Elle ne le fut que trop,
Plus jamais n'a pris le trot.

* *
*

A Montiral on arrive
Près d'une heure après midi ;

Le dîner fut refroidi,
Et l'alarme fut bien vive
Quand leur hôte, homme savant,
Leur tint le discours suivant :

— « Quel *carcan*, ô cieux prospères !
Quel débris, Dieu de bonté !
Celui qui vous l'a prêté
Vous a bien pourvus, mes pères !...
Mes bons pères, *b, u, bu,*
Votre cheval est fourbu...

» Et ni le foin, ni l'avoine,
Ni le son, ni *rien*, ni *tout*
Ne pourront venir à bout
De rendre la rosse idoine
A prendre jamais aux dents
Ni le *mors*, ni les... *vivants.* »

*   *
*

Pauvre bête lamentable,
Elle revint à pas lents,

Des deux moines opulents
Traînant le poids respectable.
Il fallut, bon gré mal gré,
Dételer à Saint-André.

Le curé de cette cure
Les traita du mieux qu'il put.
Mais l'animal ne voulut
Prendre aucune nourriture ;
Quelqu'un dit d'un ton posé :
— « Il doit être indisposé. »

* *
*

Sur la route douloureuse
Qui serpente en maint zigzag,
Ils repartent pour Najac,
Mais la bête langoureuse
Trébuchait à chaque pas...
Les moines ne riaient pas.

Des soucis vidant la coupe,
On allait queussi-queumi,

Lorsqu'arrivés à demi
De la ville à longue croupe,
La jument hors de propos
Se planta sur ses sabots.

Un cousin de Cascarille
Courut leur porter secours ;
C'est à lui qu'on eut recours
Comme étant de la famille ;
En ce triste événement
Il raisonna doctement :

— « Puisque, dit-il, la monture
Plus loin ne peut pas aller,
Il nous faut la dételer
Et l'emmener sans voiture,
Car tout cheval déchargé
S'en trouve bien soulagé. »

Le cousin tirant la bride,
Les deux moines gros et forts
Par de louables efforts
Poussent la pauvre invalide,

Qu'en sa loge on introduit
Un quart d'heure après minuit.

C'est là que l'infortunée
Qui ne mangea, ni ne but,
Paya le dernier tribut
A sa noire destinée...
Cascarille le normand
N'attendait que ce moment.

Ce Cerbère — tête haute —
Aux moines parla fort mal
Leur disant : — « Cet animal
A péri par votre faute,
Et vous allez, s'il vous plaît,
M'en payer le prix complet. »

On mit la chose à l'estime
D'un homme sage et prudent
Qui régla le différend
Par cette belle maxime :
« Le prix d'un cheval fourbu
Est au fond d'un verre bu. »

Cascarille faisait rage...
Mais pendant qu'il tempêtait,
La blonde qu'il convoitait
Consentit au mariage
Moyennant qu'on fît l'oubli
Sur ce trépas accompli.

La nouvelle fortunée
Dut toucher le vieux lascar
A l'endroit sensible, car
En ce nouvel hyménée
Cascarille le normand
Remplaça femme et jument.

     *
      *

Voici la fin de l'histoire :
Véronique a trépassé ;
Cascarille point lassé
— Sans quitter la blouse noire —
Proposa nouvel hymen
A Françon qui dit *Amen*..

Françon, troisième épousée,
A son époux dit souvent :
— « Tes deux ingrates d'avant
T'ont fui comme la rosée ;
Moi, sois tranquille, ô mon vieux,
Je te fermerai les yeux ! »

*
* *

Or, hélas ! le vieux Ratières
Qu'on ne voit plus circuler,
Sent ses forces s'en aller
Comme l'eau par les gouttières...

. . . .

Les deux moines sûrement
Iront à l'enterrement.

TABLE

GUITARE

RODEZ, IMPRIMERIE E. CARRÈRE